孙家栋简介

孙家栋，男，1929年4月出生，辽宁省复县人，中共党员，中国科学院院士，“两弹一星”元勋，国家最高科学技术奖获得者。1958年毕业于苏联茹柯夫斯基空军工程学院飞机设计专业，历任第七机械工业部第五研究院副院长、院长，第七机械工业部总工程师，航天工业部副部长，航空航天工业部副部长。现任中国航天科技集团公司高级技术顾问。

孙家栋院士是新中国培养的第一批优秀科技人才中的杰出代表，我国著名的航天专家，我国人造卫星技术和深空探测技术的开创者。在我国自主研发的100多颗卫星中，由孙家栋院士担任技术负责人的就占三分之一以上。50多年来，孙家栋院士倾注于我国的航天事业，参与创造了中国航天史上的多个第一。他主持完成了我国第一颗人造地球卫星、第一颗返回式卫星和第一颗静止轨道试验通信卫星的总体设计，他先后担任月球探测工程（一期）和北斗导航工程总设计师，他明确了我国月球探测的发展方向、目标和路线图，为我国突破卫星基础技术、卫星返回技术、地球静止轨道卫星发射和定点技术、导航卫星组网技术和深空探测基本技术作出了重大贡献。孙家栋还曾担任中美商业卫星发射谈判代表团团长，为中国航天事业走向国际市场作出了重要贡献。

如今，已82岁高龄的孙家栋仍然活跃在我国航天型号研制第一线，肩负着北斗导航工程总设计师和月球探测工程高级顾问的重任。

● 2010 年 1 月 11 日，胡锦涛总书记为获得 2009 年度国家最高科学技术奖的中国科学院院士谷超豪（右）、孙家栋（左）颁奖

● 1999年9月18日，江泽民总书记在“两弹一星”授勋仪式上与孙家栋亲切握手

● 2007年11月26日，温家宝总理接见月球探测工程（一期）总设计师孙家栋

● 2011年1月26日，习近平副主席看望孙家栋

● 2004年12月10日，孙家栋看望钱学森并与之亲切交谈

● 2011 年 1 月 18 日至 21 日，在胡锦涛主席访美期间，中国国家形象宣传片在美国纽约曼哈顿时报广场滚动播放（左三为孙家栋）

● 2011 年 1 月 18 日，孙家栋荣获 2010 CCTV 中国经济年度人物终身成就奖，中国科协常务副主席邓楠为孙家栋颁奖

● 快乐的航天老总们（左起：吴朔平、梁守槃、蔡金涛、屠守锷、孙家栋、黄纬禄、杨嘉墀、王希季）

● 2003 年 5 月 25 日，孙家栋与中国航天科技集团公司、总装备部、总参测绘局领导庆贺北斗一号卫星发射成功

● 1983 年孙家栋的全家福

● 孙家栋与夫人魏素萍在北京香山

孙家栋故事

Sun Jiadong Gushi

本书编写组 编

中国宇航出版社

·北京·

图书在版编目(CIP)数据

孙家栋故事／本书编写组编.—北京：中国宇航出版社，2011.2
ISBN 978-7-80218-920-1

I.①孙… II.①本… III.①孙家栋－生平事迹 IV.① K826.16

中国版本图书馆 CIP 数据核字（2011）第 020224 号

策划编辑 范占英　责任校对 王 妍
责任编辑 黄 莘　装帧设计 03 工舍

出版发行 中国宇航出版社
社 址 北京市阜成路 8 号　邮 编 100830
(010)68768548
网 址 www.caphbook.com/www.caphbook.com.cn
经 销 新华书店
发行部 (010)68371900　(010)88530478(传真)
(010)68768541　(010)68767294(传真)
零售店 读者服务部　北京宇航文苑
(010)68371105　(010)62529336
承 印 北京嘉恒彩色印刷有限公司
版 次 2011 年 3 月第 1 版　2011 年 3 月第 1 次印刷
规 格 850 × 1168　开 本 1/32
印 张 4　彩 插 8 面　字 数 88 千字
书 号 ISBN 978-7-80218-920-1
定 价 18.00 元

《孙家栋故事》编写组

组　长

贾　可　中国航天科技集团公司新闻发言人、企业文化部部长

成　员

李桂华　科学技术部办公厅副主任

孟　华　国家国防科技工业局新闻中心副主任

王双军　中国航天科技集团公司企业文化部副部长

苏桂锋　国务院国有资产监督管理委员会宣传工作局新闻处处长

石　硕　中国科学院办公厅信息宣传处处长

顾博威　中华全国总工会国防邮电工会国防科技工作部副部长

王建蒙　中国卫星发射测控系统部高级工程师

前　言

孙家栋院士是我国著名的航天专家，“两弹一星”元勋。作为我国航天事业的奠基人和开拓者之一，他亲身经历了我国航天事业从开创初期到不断发展壮大的奋斗历程，参与、领导了我国第一代战略导弹的研制工作，主持完成了我国第一颗人造地球卫星、第一颗返回式卫星、第一颗静止轨道试验通信卫星等多颗卫星的总体设计工作，先后担任我国月球探测工程（一期）、北斗导航工程的总设计师，为突破我国第一代战略导弹的总体技术，开创发展我国人造卫星总体技术、航天工程管理技术、深空探测和卫星导航技术，作出了系统性、开拓性、创造性的贡献。

2010年1月，孙家栋院士荣膺国家最高科学技术奖，胡锦涛总书记亲自为孙家栋院士颁发了奖励证书。孙家栋院士的事迹在全社会引起了热烈反响。李长春等中央领导同志曾先后作出重要批示，要求在全国范围内学习宣传孙家栋同志的先进事迹。

日前，科学技术部、国务院国有资产监督管理委员会、国家国防科技工业局、中国科学院、中华全国总工会联合下发了《关于开展向孙家栋同志学习活动的通知》（科工综［2011］

115号），决定在全国科技战线、中央企业系统、国防科技工业全行业开展向孙家栋院士学习活动。

为便于各行业、各单位、各部门组织开展学习活动，我们组织编写了《孙家栋故事》一书。书中的24个小故事，选编自中国宇航出版社出版的《星系我心——著名航天工程技术专家孙家栋》一书（王建蒙著），这些故事是孙家栋院士50余年如一日爱党爱国、忠诚事业，淡泊名利、无私奉献，勇攀航天科技高峰的真实写照，是伟大的航天精神的生动体现。希望本书能够对大家的学习有所帮助。

由于时间仓促，书中瑕疵之处在所难免，敬请读者谅解。

编 者

2011年2月

目　录

1 辗转进入哈工大

孙家栋1929年4月出生，辽宁省复县人。当时，他的父亲在辽宁省盖县盖平师范学校当校长，他在盖县的小县城里度过了三年童年生活。1932年，父亲调到哈尔滨工作，他们举家迁往哈尔滨，7岁时孙家栋就读于离家不远的建设小学，后来又转入一所条件好些的六年制教会小学读到了五年级。1939年，全家又随父亲工作调动迁居营口市，孙家栋转入同德学校读完了高小。

1942年6月，13岁的孙家栋以优异的成绩考入哈尔滨第一高等学校土木系。该校是一所四年制的专科学校，当时孙家栋一门心思是学好本事，以实现建高楼、修大桥的愿望。但是好景不长。日本

20世纪50年代的哈尔滨工业大学

侵华战争给人们带来了巨大灾难，城里战乱，学校停课，父母回老家去了，孙家栋也无书可读。这一年的寒冬，他只好踏上了回老家的路。

到家后孙家栋才知道，父亲已经离开老家去了沈阳，经朋友介绍在沈阳的一所学校任教。数日后，孙家栋前往沈阳找到父亲任教的学校，方知父亲又到了海城师范学校谋职。几经辗转找到父亲后，孙家栋便急切地提出要继续求学。父亲找人帮忙，1946年9月，孙家栋终于进入锦州大学先修班，当时的先修班即为“预科班”，需要补习两年的中学课程。1947年冬天，辽沈战役打响，国民党军队兵败如山倒，锦州大学“预科班”的书也没办法继续读下去了。后来，孙家栋听到哈尔滨工业大学要招生的传说，他立即前往探听虚实，决心撞撞运气。

哈尔滨工业大学始建于1920年，当时白俄罗斯人进入东北，为了运送东北丰富的矿产资源，开始建设绥芬河至满洲里通往旅顺口的铁路，学校是为培养修建铁路所急需的技术人才而创建的，学制四年，校名为“哈尔滨中俄工业学校”。1928年10月20日，学校正式定名为哈尔滨工业大学。1950年俄方将哈工大交给中国政府管理，1951年教育部明确哈工大的办学方针和任务是“仿效苏联工业大学的办法，培养重工业部门的工程师和国内大学的理工科师资”。

1948年9月，18岁的孙家栋考入哈尔滨工业大学预科学习俄语。此时，适逢哈工大增设汽车专业，造汽车似乎比修大桥更有意思，他便转入了汽车系。

当时的哈工大由苏联人管理，由于孙家栋就读的中学是四年制学制，而苏联中学的学制是六年，所以他必须先读“预科”，于是，孙家栋又上了第二次大学“预科班”。

哈工大老师都用俄语授课，预科主要是学习俄语，要想听得懂学校所开设的各门课程，精通俄语是必由之路。这条路对孙家栋来说既是一次机遇，也是一次挑战。

俄语繁杂的语法、多样的变格、绕舌的发音，令初学者目眩，俄罗斯人的名字也是九曲十八弯，绕了自己的名和姓不说，还要把祖上那长长的名再绕进去，难读难记。孙家栋对学习渴望已久，又是学习高手，他在很短的时间里就理出了学习头绪，进入了良好的学习状态。孙家栋在此阶段系统地学到了不少知识，使他终身受益。

2 红烧肉带来的“机遇”

孙家栋说过：“我这辈子还真是喜欢吃红烧肉，不仅仅是口味的问题，还有一些与红烧肉相关的其他原因促成了我喜欢红烧肉，比如我的人生道路选择就是由一顿红烧肉而促成的。”

1950年初农历正月十五，是中国的传统节日——元宵节。这天，原本准备午饭后去姐姐家的孙家栋，听说学校晚饭加餐有红烧肉，便临时改变了主意，那年月能吃上红烧肉可不容易。正是为了这顿红烧肉，他决定等吃了晚饭后再去姐姐家。

晚饭时，学校主管人员到饭堂向学员们宣读了这样一个通知：为了加快建设中国空军的步伐，中国人民解放军空军要在他们这批学生中挑选人员，有意者可立即自愿报名接受挑选。

当时，刚刚成立的人民空军力量相当薄弱，空军司令员刘亚楼当面向毛泽东主席提出扩大航校培训规模的建议，得到了毛主席的同意。很快，中央军委作出决定建立6个航空学校，第一航校设在哈尔滨，第二航校设在长春，第三航校设在锦州，第四航校设在沈阳，第五航校设在济南，第六航校设在南苑。

不满21岁的孙家栋，联想到几个月前毛主席在北京天安门城楼上向全世界宣告：“中华人民共和国成立了”“中国人民从此站起来了”的动人情景，想到中国人民解放军迈着雄壮的步伐在天安门广场接受检阅的威武军姿，心中禁不住泛起一阵阵的激动，他毅然填报了从军申请。

结果，他当天报名，当天就得到了批准。当天晚上，他便怀着对祖国、对未来的无限憧憬，登上了前往中国人民解放军空军第四航校的列车。

从哈工大报名参军

1950年正月，孙家栋由踌躇满志、幼稚单纯的学生，一夜之间穿上蓝军装、戴上制式帽，成为了一名精神抖擞的军人。

孙家栋优秀的俄文成绩，在空军几个航校急需俄语翻译人才的情况下，派上了用场。报到后，四航校分配孙家栋给苏联航空教官当授课翻译。孙家栋后来回忆说，四航校很了不起，当时我国空军的一批优秀飞行员，如赵宝桐、张积慧、王海、刘玉堤等都是在这所学校里学成后参加战斗的，这些飞行员充分发挥了他们个人的聪明才智，在战场上建功立业，为国家和人民争得了荣誉，成为震惊世

空军四航校年轻的俄文翻译

界的战斗英雄。

出于对新中国空军的热爱和对事业的追求,孙家栋各项工作都很出色。

如果说，孙家栋是由这顿偶然的红烧肉导致从军道路的话，那么，这次偶然则给孙家栋提供了走向尖端科学技术的阶梯，为他后来成为著名航天工程技术专家提供了一个重要的机遇。

3 求学路上三读“预科”

年轻的共和国百废待兴，各行各业都急需技术人才。于是，部队准备选派优秀人员赴苏联学习。

1951年7月，经过多轮考核、层层选拔审批，孙家栋以优异的工作业绩获得了前往北京接受去苏联留学的最后一轮面试的机会。那时，全军选送了300多名优秀军人参加考核，最终有30人被选送到苏联茹柯夫斯基空军工程学院读书，孙家栋荣幸中选，并被确定在学院的飞机设计专业学习。这是新中国成立后第一批公派留学人员。

1958年4月，孙家栋（四排中）与中国的22位同学在苏联茹柯夫斯基空军工程学院（一排右一刘从军，二排右二于龙淮、左二李伯勇，三排右二孙敬良）

1951年秋天，孙家栋他们踏上了北上莫斯科的征程，日夜兼程七天七夜。苏联先进的市政设施、宏伟的房屋建筑和有序的工厂生产规模，令初来乍到的中国留学生们大开眼界。孙家栋和他的同学们心里暗想，绝不能浪费光阴，要在莫斯科刻苦学习先进技术，利用好这个机会，实现报效祖国的美好愿望。

在苏联读书时的孙家栋

入学以后要过三关：第一关是学习关，第二关是生活关，第三关是身体关。为了日后学业的顺利进行，根据校方对这批中国留学生的语言训练和基础知识学习要求，这批中国学生还要读一年的“预科”。按数理化水平，学校将他们分成了三个班，孙家栋的文化基础比较扎实被编入高班。学校抽调了最好的高中教师，为他们教授数学、化学、物理和俄文。于是，孙家栋在茹柯夫斯基空军工程学院读完了他求学路上的第三次“预科”。

整整一年的预科，使他和他的同学们系统完成了基础理论的学业。茹柯夫斯基空军工程学院是军校，大家过着纪律严格的集体生活，学校共青团组织还专门指定苏联学生帮助中国同学。这些都使孙家栋体会到苏联同学的淳朴热情。经过一段时间的磨炼，孙家栋和同学们不仅熟悉了周围的情况，而且很快与当地同学打成了一片。

1952年9月，他们正式进入本科学业。

4 留苏的中国军官学生

国家的关怀、部队的重托、学院良好的学习条件以及在当时可算为优厚的生活待遇，激励着孙家栋刻苦学习。学校所开设的课程种类繁多，仅飞机发动机理论课程就有发动机理论、飞行动力学、空气动力学、飞机结构力学、液体火箭发动机原理、流体力学、热力学、理论力学等。苏联对军事院校的政治教育抓得很紧，对政治课程要求也很严格，如果考试不及格，就会被戴上“政治不合格”的帽子。孙家栋虽然对政治课也发憷，但通过努力，仍然拿到了政治课满分的好成绩。

在学习上，孙家栋总是不断地给自己加码，白天除了上课，晚上基本都在做练习，伴随他学习的灯光总是经常亮到凌晨一两点钟。在一次三年级的航空发动机理论考试中，孙家栋显示了他刻苦学习的“真功夫”。主考官采取一个一个分别面试方法，轮到孙家栋时，恰好主考官拿错了考卷，将三年级学生尚未学过的“航空发动机静态下主要性能的推导”问题提给了孙家栋。孙家栋平时好学、好奇、好动脑的习惯此时派上了用场，他毫不慌张地引经据典作出了正确回答。正当陪考官们惊诧不解时，主考官也突然醒悟到自己拿错了考卷，他奇怪孙家栋怎么对没有学过的课程也能作出正确的回答，由此，主考官和众多陪考官纷纷对孙家栋投去赞赏的目光。他们为孙家栋博学多识而高兴，为中国学生的勤奋学习精神而赞叹，为学院拥有这样的学生而自豪。

留学苏联期间在学院实验室做试验

为了保持旺盛的精力和强壮的体魄，夏天，在田径场、篮球场、排球场或体操器械旁总能看到孙家栋的身影，冬天，滑冰场、滑雪场也少不了他。严冬季节，茹柯夫斯基空军工程学院附近的浩渺森林一片白雪皑皑，平地滑雪是非常耗费体力的一项运动，有人偷懒不按规定路线完成科目而抄近道回到目的地，但孙家栋从来都是按照规定不折不扣地完成。他那活泼向上、朝气蓬勃的精神，显现出了年轻人报效祖国的雄心壮志。

1956 年 2 月的一天，对孙家栋他们这个中国班的学员来说，是一个值得纪念的日子。这一天，他们奉命从学校来到中国驻苏联大使馆礼堂，主席台正中央坐着中国人民解放军总司令朱德元帅，由聂荣臻元帅亲自为这批中国留苏军官学生颁发领章和肩章，孙家栋在中国人民解放军首次实行军衔制时，被授予中尉军衔。

1956年8月6日，是孙家栋又一个忘不了的日子，由于他在各方面严格要求自己，学习拔尖，政治上进，军体优秀，留学生支部批准他光荣地加入中国共产党。

1957年11月17日，更是一个非同寻常的日子。正在莫斯科参加十月革命胜利40年庆祝活动的毛泽东主席这天要与中国在苏联的留学生会面。孙家栋一行人乘坐地铁倒了几次车，来到莫斯科大学的礼堂，他们被安排在主席台最前方的位置。他亲耳聆听了毛主席的那段著名的“语录”：“世界是你们的，也是我们的，但是归根结底是你们的。你们青年人朝气蓬勃，正在兴旺时期，好像早上八九点钟的太阳，希望寄托在你们身上。”毛主席在讲话中，纵论天下，旁征博引，还说出了“世界上怕就怕‘认真’二字，共产党就最讲认真”的名言。

毛主席的这些讲话，不仅鼓舞着孙家栋他们这些留学生，而且一直鼓舞着中国当时的整个一代人。

毛泽东主席接见中国留苏学生

5 榜上有名获金奖

苏联茹柯夫斯基空军工程学院是苏联武装力量培养空军各类航空专业工程师的高等军事学院，也是研究航空技术装备及其技术维护与战斗使用方面问题的科研中心。学院培养了大批优秀专业人才，孙家栋十分珍惜在这所学校深造的机会。他不仅学习成绩名列前茅，在体育运动、学校组织的社会活动方面也都表现得很出色，他的名字在学院中小有名气。孙家栋的同窗刘从军曾回忆说："孙家栋自进入茹柯夫斯基空军工程学院读预科开始，一直到本科毕业，7年里，他的各科考试成绩从来没有得过4分、3分，各科门门是5分，年年是5分。"

茹柯夫斯基空军工程学院有一个激励学生上进的传统做法，就是把每年年终考试获得全优的学生照片放入"光荣榜"，如果这个学生年年都能保持全优，他的照片便会一年往上挪一次，并且照片一年比一年大。毕业时，顶尖照片上的人将会获得一枚纯金质的"斯大林奖章"，这枚奖章对学生来讲是梦寐以求的，因为毕业时如果能获得这种奖章，不仅可以比普通学生的军衔高一级，而且可以优先选择自己满意的工作，还可以带双份工资享受3个月的休假。孙家栋的大照片就出现在学院一进门最显眼的“光荣榜”上。

斯大林金质奖章

1958年3月10日，孙家栋以留学苏联期间的优秀成绩，荣获了最高苏维埃颁发的“斯大林奖章”。他登上苏联红军俱乐部的领奖台，隆重接受了这枚值得纪念和来之不易的纯金奖章。在那一年全苏联军队院校毕业的学员中，总共只有13名学生获得了“斯大林奖章”，中国留学生能够得到“斯大林奖章”，可真是来之不易。孙家栋赢得了众多老师、同学的赞赏，成为众人羡慕眼光的聚焦点。此时的孙家栋心中只有一个念头：毕业后立即回国，祖国急需人才，用学到的知识，报效祖国和建设祖国！

1958年4月，孙家栋与22名同窗战友结束了在苏联6年零8个月的苦读苦练，带着珍贵的金质奖章，怀揣着真知学识，练就了强健体魄，迈着坚定的步伐，登上了归国的列车。

毕业证书

6 结缘中国导弹事业

“时势造英雄，英雄造时势”，这是孙家栋以后经常说的一句口头语。事业需要学有所成的孙家栋，事业也给孙家栋提供了施展才华的环境。孙家栋等23位留学生回国前夕，新组建的国防部第五研究院急需技术人才，孙家栋的名字被圈点到了国防部五院的名单里。国家需要搞导弹，学了7年飞机发动机专业的孙家栋，毅然放弃了自己的专业方向，开始了新中国导弹的研究。

1958年4月20日，孙家栋拿着一纸调令来到国防部五院一分院导弹总体设计部。此时，中国的高层领导正在谋划中国导弹武器的发展战略。

20世纪50年代的中国，经济和技术都比较落后，在一无设备、二无资料的条件下，建立和发展导弹事业可谓是一张白纸，两手空空。新中国的领导人从党和国家的最高利益出发，高瞻远瞩地制定了一系列战略决策，把导弹武器的研制列为国家的重点工程，缺资金给资金，缺人才立即调配。在创业之初的短短几年，国内比较知名的技术专家云集研究院，国家还调集了数以千

国防部五院研制的导弹

计的大、中、专毕业生，充实到科研生产的第一线。

那时候，研制导弹的单位对外严格保密，孙家栋回忆当年国防部五院对保密工作要求的情景时说：“我们的单位对外称呼叫0038部队，入伍的人不能泄漏任何有关单位性质和驻地的情况。见到过去的同学朋友，他们肯定都要问问你到哪儿去了？我就编，有时候第二次再见到那个同学，自己也忘了上次编的话，就又编一个，人家感觉你这人很奇怪。有的同志写信时不小心把自己的工作说出去了，就受处分了。有的同志出去谈女朋友，一谈起自己是做什么工作的就吞吞吐吐，把女方弄得莫名其妙，最后不少人都‘吹’了。50年代，空军部队的保密工作很严格，在苏联学习的时候，保密要求也很严，到国防部五院以后更严格。每人都有个保密包，再给你发个保密本，你领的时候要签字。下班后只要你离开办公楼，你文件包里所有的文件都要交到保密室，保密室一天24小时都有人值班。第二天你上班的时候，要办个签字手续，才能领出包来。保密包的封口有两根细绳，交到保密室时，要用橡皮泥把两根绳按上，按上后你自己盖个戳。第二天领包时还得看一下，我昨天盖的那个戳有没有人动过，证明没人动过，再领出来。”

7 良师益友钱学森

孙家栋经常说:“我从苏联回来搞导弹，得益于当时许多开创我国导弹事业的师长,他们对新中国导弹事业的执著追求、精益求精的工作作风、为人师表的刻苦攻关精神，不仅给了我们很大的帮助，而且为我们树立了很好的榜样。钱学森更是我尊敬的领导和良师益友。”

孙家栋在苏联学习时就曾听说过“钱学森”的名字，当时钱学森在国际上已经是知名的科学家，没想到回国这么短的时间就可以在钱学森的身边工作。孙家栋心中暗想，这可是个好机会，有这样的老师在身边，如果学不成，一定是自己不用功，遇到不明白的问题一定要及时请教。

孙家栋回忆说，1958 年从苏联留学刚回国，跟着钱学森搞火箭、搞导弹，真是又高兴又担心。高兴的是，能在新中国刚刚创立两年的国防尖端科技部门工作，可以为国家干一番事业。担心的是，自己学的是航空专业，导弹是什么样子，怎么设计，怎么制造，心里一点儿底也没有。当时周围的同志，有学力学、数学、化学、纺织、文史的，就是没有学导弹专业的，孙家栋所学的航空理论还算与导弹专业离得最近的专业。那时候，钱学森编制课程大纲，亲自讲授导弹概论，并请庄逢甘教授讲空气动力学、梁守槃教授讲火箭发动机、朱正教授讲制导……

中国航天之所以能取得比别的行业更突出的成绩，很重要的一条就是有钱学森这样的技术权威抓科研、抓试验。钱学森以他的远见卓识，指出了正确的技术途径，带领大家走出了一条多快好省的发展之路。孙家栋参加了钱学森主持制定导弹火箭发展的12年规划和制定“八年四弹”规划等工作。这些规划的实施，使中国的导弹火箭研制生产一步跨越了几个台阶。中国空间技术研究院建立后，孙家栋又参与了钱学森主持制定的“三星规划”（东方红一号、返回式卫星和同步轨道通信卫星）工作，这些规划为中国空间技术的发展奠定了基础。钱学森在中国航天技术发展途径中所起的作用是别人无可替代的，但钱

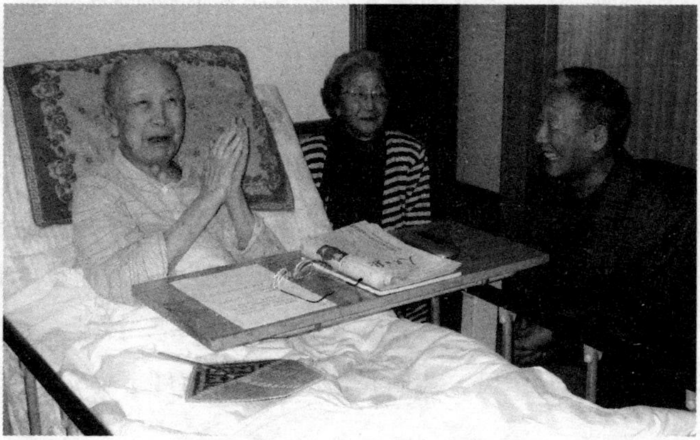

2004年12月10日，孙家栋看望钱学森并与之亲切交谈

学森却非常谦虚，每当讲到成绩，他从来都是把周恩来总理、聂荣臻元帅等党和国家领导人的具体指导放到前面，把广大科研人员的辛勤创造放到前面。钱学森高尚的科研道德和人格魅力，无时无刻不影响着孙家栋。

钱学森严谨的工作作风，令孙家栋终生难忘。20 世纪 60 年代后期，一种新型导弹即将运往发射基地，按惯例，产品出厂前要完成装配、测试工作。其中，惯性制导系统平台上的 4 个陀螺要精确地装好，再拆开，包装好运往发射基地。由于时间紧，车间师傅对孙家栋说，4 个陀螺是同一批次生产的，第一个能装上，其他 3 个应该没问题，是不是可以不再装了？孙家栋觉得师傅说的有一定道理，便同意了。可万万没想到在发射场装配时却出现了问题，陀螺怎么也装不上。钱学森听了汇报后并没有批评孙家栋，而是出主意把陀螺仔细研磨后再试装。那种精密部件的研磨很费时间，钱学森来到现场也不说话，背着手走来走去。孙家栋和工人师傅从下午 1 点一直干到第二天凌晨 4 点才装好，钱学森就在现场一直陪着，大家几次劝他回去休息，但他就是不走。钱学森虽然没有说出任何批评的话，但那种无声的力量让人感到比批评更严厉。从此，大家从点滴小事做起，不敢有丝毫的马虎。

后来，孙家栋把这种严格要求的作风带到了空间技术研究院，有人说孙家栋太严厉了，孙家栋便解释说，钱学森为我们树立了严谨的好作风，我们必须认真办好每件事。

8 九年苦战国产导弹

孙家栋自1958年4月20日来到国防部五院一分院总体设计部，至1967年7月29日离开一分院“转场”开始人造卫星的研制，从事导弹研制工作整整9年时间。

9年弹指一挥间，我国导弹事业从无到有，发生了翻天覆地的变化，中国的导弹武器不仅自主研制成功，而且还成功地进行了导弹、原子弹“两弹结合”的飞行试验。中国拥有导弹核武器这一重大事件轰动了世界，长志气、扬国威，大大提高了中国在国际上的地位。孙家栋参加了这期间的导弹研制工作，并且由导弹总体设计员、总体组长、总体设计室主任一直升任为总体部副主任。

中国最初的导弹研制是从仿制苏联送给中国两枚P–2型近程导弹开始的。1959年7月16日，苏联突然照会我国，单方面决定撤回在中国工作的全部专家和顾问，使我国的经济建设蒙受了巨大损失。多年后，孙家栋回忆此事说：“研制导弹这么大的工作，你给搞到半截，什么也不说，第二天早上拍拍屁股就走了，这叫人特别不可理解，对我们工作造成的损失确实是太大了。就从这一点来讲，我们辛辛苦苦地向你们学习，你扔下我们就走，这不是坑人是干什么呢？所以，苏联撤走专家，反倒激起了我们一股干劲，一鼓作气自己把导弹干起来。”

孙家栋一到导弹总体设计部，就参加了仿制苏联P–2导弹和改型设计的工作。在导弹总体工作负责人屠守锷的带领下，孙家栋他们这些年轻的科技人员昼夜加班加点，以最快的速度完成了图纸描红、原理研究、仿制消化、吸收反设计、改进创新的艰苦历程。为了尽早攻克导弹难题，他经常日夜不停地趴在像小山一样高的资料堆上翻译资料，翻译出来后还要系统地归类，并对总体技术指标和总体技术数据进行验算。通过模仿设计，把导弹技术吃透，力争掌握苏联的导弹设计思路。同时以苏联导弹的技术指标为基础进行反设计，利用每一阶段的实际计算结果与苏联提供的资料数据进行比对，为以后的自行研制摸索经验。

中国自行生产的近程导弹

1960年8月，孙家栋被任命为导弹型号总体设计室主任，他随东风一号导弹试验队赴酒泉发射基地参加发射任务。11月5日，中国第一枚仿制的近程地地导弹发射获得圆满成功。中国从此拥有了自己制造的导弹，填补了尖端武器的空白。

1962 年 3 月 21 日，我国自行设计、研制的第一枚中近程导弹首次发射，由于控制系统失稳，导弹刚刚起飞就坠毁在导弹发射台附近。孙家栋立即投入到故障查找、故障分析和方案设计改进的紧张工作中。他们从总体方案设计入手，像剥竹笋一样，一层一层地对各个分系统的技术状态以及可靠性进行分析试验，根据故障现象反复进行模拟验证试验，很快找出并确定了导致导弹失败的原因。失败的原因找到了，但改进设计的处置办法又成为他们面临的难题，尤其是导弹飞行产生的弹性振动对控制系统的影响，需要在许多方面进行试验验证并加以改进。他们从失败中找出教训，认真修改设计，先后完成了发动机性能试验，发动机可靠性试车，控制系统仿真与综合试验，控制系统与遥测系统匹配、模拟试验，导弹全弹振动试验等 17 项大型地面试验。

1964 年 6 月 29 日，经过修改设计后的导弹在酒泉导弹发射台点火起飞，飞行试验获得圆满成功，孙家栋在发射现场参与了导弹的发射试验任务。7 月，孙家栋被任命为中国第一枚自行设计的中程导弹的总体主任设计师，挑起了导弹总体设计室主任的重任。之后，又升任为导弹总体设计部副主任。

1965 年 2 月，中央专委决定对中近程地地导弹进行改进，以增大射程。孙家栋领导的一院总体设计部与有关分系统设计的单位用了半年多时间，完成了中近程地地导弹的改型工作。

经过改进设计，减轻了全弹的结构重量，增加了氧化剂自动补加装置，将惯性和无线电混合的制导体制改为全惯性制导体制等，使导弹射程增大了20%，战术技术性能也有所改善。

1966年10月27日，中国用改型的中近程地地导弹运载着真正的核弹头拔地而起，核导弹伴随着轰鸣的火焰直刺苍穹，消逝在人们的视野中。从仪器显示的数据分析，导弹飞行正常。9分14秒后，罗布泊落区传来了“在预定高度实现核爆炸、核弹头精确命中目标”的报告。这一刻，发射场沸腾了，人们拥抱、跳跃，欢声雷动。“两弹结合”飞行试验成功的当天下午，《人民日报》发出了套红号外，向全世界公告：中国成功地试验了导弹核武器！

导弹核武器发射

9 转移战场造卫星

1967年7月29日，正是北京最炎热的盛夏。孙家栋正伏案进行导弹设计，国防科委汪永肃参谋驱车来到位于北京城南的孙家栋办公室，简单明了地向他转述了中央确定组建空间技术研究院，由钱学森担任院长的指示。钱学森亲自点将，让孙家栋负责我国第一颗人造地球卫星的总体设计工作。谈完后当即就用吉普车拉着孙家栋从北京南郊来到位于北京西北部的友谊宾馆，宾馆北馆就是空间技术研究院的临时办公地点。到达后，有关领导与孙家栋又详细谈了组建卫星总体技术部的具体意图。

17年前，孙家栋当日决定、当日入伍，17年后又是当日由搞导弹转入搞卫星，人生的转折来得如此迅速。已是国防部五院一分院导弹总体设计部副主任的孙家栋，再一次放弃了自己已经熟悉并建树颇丰的领域，担当起卫星研制的重任。

此时正是“文化大革命”的混乱时期，行政机构已基本被“砸烂”，派仗正闹得激烈。如何建立并组成卫星总体设计队伍，是摆在孙家栋面前非常棘手的问题。

为了尽快启动卫星总体工作，孙家栋向钱学森提出建议由火箭技术研究院推荐几个搞总体方面的技术人员。钱学森考虑后答复说，从火箭技术研究院抽人可以，但在“文化大革命”两派正闹腾的特殊情况下，只能由孙家栋提个名单后再研究确定。

搞卫星总体，要先选人，而要选的人却在不同的派系中。当时的孙家栋只有38岁，由于各方面工作出色，已是中层领导干部，对选人问题若处理不当，轻者可能“引火烧身”，重者会使卫星研制工作受到影响。

孙家栋深知此后果，但他将个人利益置之度外，只从搞卫星的需要出发，不怕别人说三道四。他认为被选中的人只要条件优越，技术水平高超，就不应管他是这派还是那派的。

经过一段时间的紧张考察和挑选，从不同的专业角度与技术特长出发，孙家栋最后选定了戚发轫、沈振金、韦德森、张福田、彭成荣、尹昌隆、朱福荣、孔祥才、王壮、杨长庚、王大礼、张荣远、刘泽光、郑忠琪、林殷定、鲁力、王一方、洪玉林18人，名单很快得到聂荣臻元帅的批准。

这18人便是中国卫星发展史上有名的“十八勇士”，他们后来大多成为了中国空间技术研究领域里的骨干。

作为卫星技术总负责人的孙家栋上任伊始，即着手主持了第一颗卫星总体和分系统技术方案的论证工作，从系统工程的观点出发，重新制定了东方红一号卫星的总体技术方案和研制

卫星测试

任务书。孙家栋根据上级提出的“上得去、抓得住、听得清、看得见”的总体目标，面对大量没有论证清楚的问题，需逐一进行落实，比如空间的环境状况和温度参数全无，需要什么样的试验设施和指标参数，尤其是理论的设想方案如何在实际中实现，地面的东西如何满足空间的条件。作为卫星技术总负责人的孙家栋，大胆建议对原来的卫星方案进行简化，并说服了一些老专家，把卫星研制计划分为两步走，即先用最短的时间实现卫星上天，在解决了有无问题的基础上，再研制带有探测功能的应用卫星。孙家栋带领大家重新制定了东方红一号卫星的总体技术方案，最后确定卫星由结构、热控、电源、短波遥测、跟踪、无线电和《东方红》乐音装置以及姿态测量部件组成，总质量173千克左右，直径1米，外形为近似圆球的72面体，采用自旋稳定方式在太空运行。当最终方案需要有人拍板时，孙家栋找到时任国防科委副主任的刘华清上将，直率而恳切地说，“你懂也得管，不懂也得管。你们定了，拍个板，我们就可以往前走。”

在“文化大革命”的特殊环境下，为了国家利益，孙家栋毅然抛掉许多个人顾虑，敢于担风险，一门心思就是要保证让中国的人造卫星按计划发射成功。他的无私无畏得到了领导的支持，也正是领导的支持使卫星总体技术指标能够及时确定，卫星研制计划能够得以顺利进行。

东方红一号卫星

在第一次模拟卫星自旋天线展开释放试验中，东方红一号卫星出现了最后一节天线被折断甩出去的问题，试验没有成功。2次、3次、4次……一直做了10次仍然没有成功。经过反复思考并与技术人员探讨后，孙家栋提出天线释放和展开的运动形式是个复杂的运动合成，在地面做试验时要考虑重力的影响。天线组的人员进一步分析、试验后认识到，目前天线结构的设计不尽合理，与卫星自旋时依靠旋转和离心力使天线展开和释放的实际运动不一致。孙家栋统一了大家的意见后，修改了天线结构设计，重新进行了几次试验，均获成功。这个技术难关终于被攻克了。

卫星的热控系统在研制过程中，需要用热真空模拟试验来检验设计的合理性。但当时国内还没有大型模拟器，如何进行这项试验是亟需解决的一个课题。这时，热控系统技术负责人闵桂荣提出用轨道周期积分平均热流代替交变热流，来确定卫星内部仪器温度的平均值。据此，研制人员采用远红外电加热笼的模拟方法，成功地攻克了这个技术难关。

回忆起这段历史，孙家栋动情地说：“在当时那种技术条件、物质生活、工作环境下，用那么短的时间做成这样一件大事，是大力协同、无私奉献的航天精神起了关键性的作用。”

在极其艰苦的条件下研制卫星

1970年4月24日，东方红一号卫星成功发射，太空响彻《东方红》，中国成为世界上第五个发射人造卫星的国家。

卫星发射成功后，国防科委推荐了以钱学森为首的17位功臣到天安门城楼上与毛泽东主席、周恩来总理共同欢度“五一”国际劳动节，但其中却没有技术总负责人孙家栋，原因可能是他的爷爷被定为富农成分。几十年后，当有记者采访他，谈到这件事情时，孙家栋心态很平静。“能有机会上天安门，并且能见到毛主席和那么多中央领导，是一件非常荣耀的事。但坦率地讲，那时候追求个人荣誉的念头似乎不是那么强烈，所以没有那么大的失落感。”

10 敢向总理讲真话

中国第一颗人造地球卫星的研制与发射，是中国迈向宇宙空间的第一步，无论在国内还是在国际都具有非常大的政治影响。卫星研制进程，同样牵动着周恩来总理的心，周总理和中央专委领导在百忙之中多次听取了卫星研制工作的汇报。

1969年10月下旬的一天晚上，孙家栋作为卫星总体技术总负责人和钱学森的助手，与钱学森一同来到人民大会堂江苏厅。孙家栋的心情无比振奋也非常激动。他们刚把卫星初样匆匆忙忙摆放好，周恩来、李先念、余秋里等中央领导和参加会议的有关部委负责人就来到了会议大厅。

当孙家栋近距离看到周恩来总理时，鼻子阵阵有些发酸。周总理日理万机，布满血丝的眼睛凹下后显得脸庞清癯、疲惫，与几年前所见到的样子相比竟消瘦、苍老了许多。

孙家栋想起1962年周恩来总理在人民大会堂宴请招待科学技术界知识分子时的情节。当时正值自然灾害困难时期，他特意上了一道“红烧肉”款待知识分子，一寸见方的肉块人人有份，年仅30岁出头的孙家栋许久没有享受这样的口福了。要知道，在那个饥饿的年代，毛泽东，拒绝吃肉；周恩来，停掉了茶；邓小平，戒掉了烟……

周恩来步入会议大厅后迎着大家的目光匆匆来到会议桌旁，钱学森首先将孙家栋介绍给了周恩来。周恩来亲切地拉着孙家栋的手，向他询问了一些简单情况，高兴地说：“这么年轻的小伙子就是卫星专家，这很好嘛，今年多大年龄？”

孙家栋有些羞怯地回答：“今年40岁。”

周恩来风趣地说道：“哦，还是小伙子嘛，学森同志的年轻弟子满多的嘛！”

本来浑身紧绷、大脑高度紧张的孙家栋，顿时被总理几句风趣的话和朗朗的笑声给调整得松弛下来。

钱学森先将东方红一号卫星和长征一号运载火箭的研制以及发射准备的总体情况作了全面汇报。接着由孙家栋对卫星的初样进行讲解和说明，对主要技术参数和研制中的重要情况作了具体汇报。

周恩来对钱学森和孙家栋的汇报听得很认真，还不时提出一些问题，尤其是对卫星上每一个环节的质量和质量保障措施，问得很详细。

孙家栋汇报结束时，周恩来突然像考场里的考官那样问孙家栋：“卫星上总共有多少根电缆呀？”孙家栋如数作了回答。周恩来又问：“卫星上总共有多少个插头呢？”这下可难住了孙家栋，他一时有些语塞。

孙家栋红着脸有些不好意思地说："总理，我回去认真统计好后向您汇报。"

周恩来笑了笑，和蔼地说道："这些数字对我来说没有什么用处，但对你们来说应该是重要的。你们搞卫星工作首先要仔细认真，应该像外科医生那样，对病人的每一根神经、每一条血管都很熟悉，才能保证卫星的万无一失。"

镶有毛主席像章的《东方红》乐音装置

其实，在汇报的前一天，就该不该向总理提出在卫星许多仪器上镶嵌毛主席金属像章对卫星部件的影响，如何处理尊重科学与突出政治的矛盾等问题，孙家栋一晚上没睡好觉。那个时期正是"文化大革命"对个人崇拜的鼎盛期间，佩戴毛主席像章成为社会的时尚，但镶嵌在仪器上的这些像章会使卫星超重，从而降低卫星、火箭的可靠性。参与研制的人员对这件事情的性质心知肚明，但却没人敢说。这件事情到底应该怎么办？要不要坦诚报告？如果不说将错失良机，况且这也是总理非常关心的质量隐患。

孙家栋感到这件事情如果再不汇报就没有机会了。于是，他很郑重地对周总理说："从政治感情上来说，大家出于对毛主席的热爱，在卫星仪器上装毛主席像章，这是完全可以理解的。但是从技术角度讲，这样做，一是会导致卫星重量超限，二是卫星上天后将会影响其正常工作。”

孙家栋提出的问题，立即引起了周总理的重视，他说：“大家对毛主席热爱是对的，但是大家看看我们人民大会堂这个政治上这么严肃的地方，也不是什么地方都要挂满毛主席的像，你看咱们这个会议室就并没有挂毛主席的像嘛。政治挂帅的目的是要把工作做好，而不是要把政治挂帅庸俗化，搞卫星一定要讲科学，要有科学态度。你们回去以后好好考虑一下，只要把道理给群众讲清楚，我想就不会有什么问题嘛。”

会后，孙家栋给大家传达了周总理的原话，大家按总理说的做了安排，使这件棘手的难题得到了解决。

11
逆向思维建奇功

孙家栋接手中国第一星研制时，各分系统文齐武不齐，相互间也不太协调和配套。比如当时卫星上的应答机已经申请到了10瓦的热耗指标，可是设备研制出来验收交付时的实际功率却只有8瓦。此时，整星的热控计算早已完成，按照卫星的研制进度，热平衡也都已经安排完毕，如果这里少2瓦，那里少1瓦……卫星的整星温度就会变低，卫星的整体温度控制就会受影响。当时各系统的设备都已经做出来了，任何细小的改动都可能牵一发而动全局。当这些矛盾反映到技术总负责人孙家栋那里时，孙家栋也感到很头疼。

经过认真思考，孙家栋用逆向思维的方法提出了一个解决方案：为了不影响卫星的整体热平衡，哪个系统出现了余量，就在哪个系统串联一个功耗电阻，富余多少就串联多少，把富余的功率由电阻消耗掉。这样既不影响设备的工作状态，又可以保持原设计的平衡状态，问题就这样得到了解决。后来的卫星出现了重量富余后，由于动平衡试验已经完成，也采用这种办法，在重量不够的仪器设备处加配重来解决,这不能不说也是一个发明。

1970年5月,孙家栋主持制定了中国第二颗人造卫星——实践一号卫星的总体技术方案。方案设计充分继承了东方红一号卫星的技术和经验,充分应用已有预研成果的新技术、新工艺和新设备,同时简化了卫星研制程序。

实践一号卫星是一颗自旋稳定卫星,卫星重225千克,卫星主体直径约1米,由结构、天线、跟踪、电源、遥测和热控6个系统以及空间科学探测仪器组成。

在卫星研制过程中有件趣事,对卫星的正常使用起着决定性的作用。实践一号卫星继承了东方红一号卫星的外形方案,也采用72面的棱球体,不同的是卫星球体表面除了28块太阳能电池外,还多出了两片亮闪闪的"耳朵"。

原来,这也是孙家栋解决技术难题的又一个绝招。按照研制阶段,卫星在模拟太阳光照射卫星北极进行热真空试验时发现,附舱Ⅰ的温度比计算结果低了15度,附舱Ⅰ的遥测设备如果长期在这个温度范围将会影响正常工作,但此时如按照发射的总体进度对整星的热控设计进行更改已经来不及了。有人提出是不是可以采用孙家栋在东方红一号卫星时应用的串联电阻方式来解决,可太阳能电池的总供电功率还不到10瓦,况且已经被各系统分配无余,显然这是不可能的。但如果不解决这个问题,整个发射计划就有可能被拖后腿。

这又是一个关键时刻。孙家栋逆向思维的总体技巧又派上了用场。他眉头一皱,计上心来,提出设法把太阳的热量多吸收一点进入卫星，可以在卫星外壳体上的适当角度安装两片镀金板。因为在诸多金属材料中，黄金具有吸收热量多、挥发热量少的特性，这两片“耳朵”可以将太阳的热量吸收进入卫星内部，使卫星舱内的温度变化范围控制在设计要求之内。

实践一号卫星发射后，多项预研成果得到了验证和成功应用，使用太阳能电池与镉镍电池联合供电系统，突破了卫星长期供电的技术，成功实现了百叶窗机构的主动无源热控系统和低功耗的小型遥测系统，探测了空间磁场和空间带电粒子的空间分布，获得了我国地区上空及其附近区域内辐射带下边缘区域的位置和特征。

实践一号卫星是中国第一颗长寿命卫星。原计划在轨道工作1年，实际上工作却长达8年，大大超过了设计指标，为我国研制长寿命卫星奠定了基础。

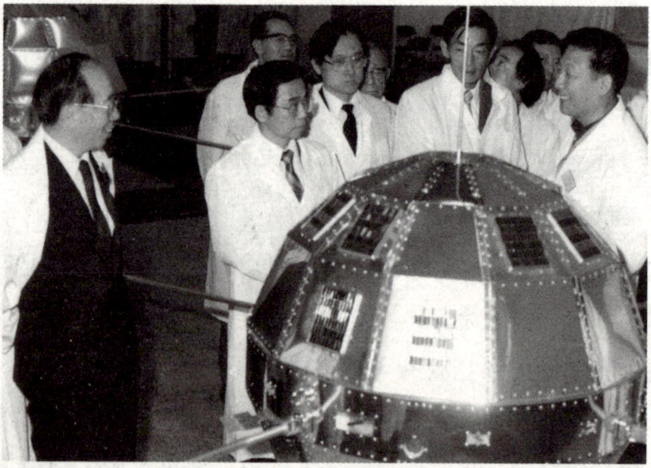

孙家栋（右一）向参观者介绍实践一号卫星情况

12 难忘的失败教训

孙家栋经常说，“我能够主持卫星总体设计工作，得益于中国航天事业的稳步发展。是中国航天事业的发展为自己提供了‘平台’，是中国航天事业的发展成就了自己”。

1965年4月29日，当时的国防科委根据中国航天技术的总体规划进展，在向中央专委提交研制和发射我国人造卫星的情况报告中，将返回式遥感卫星列入航天技术10年奋斗目标。在当时的历史条件下，中国研制返回式遥感卫星既无资料，也无经验，其难度之大可想而知。1968年2月，返回式遥感卫星的总体研究任务转到了空间技术研究院，此项任务正式落到了孙家栋的肩上。

就这样，孙家栋在主持研制东方红一号卫星的同时，还担任了中国第一颗返回式遥感卫星技术的总负责人。

返回式遥感卫星的研制历经了四个阶段，第四阶段正样星从1973年4月开始，通过为期8个月的噪声、分离冲击、热真空和整星振动试验，获得了大量的试验数据，孙家栋组织研制人员，针对暴露出来的问题，制定出若干改进措施。

除了要完成卫星本身的研制，还要完成星上有效载荷的研制。星上全景扫描相机光学设备、胶片的厚薄及质量等，这些问题会直接涉及卫星的总体方案，常常会牵一发而动全局。因此，不仅大的方案，就是很多具体细节，都需要孙家栋全面考虑，综合协调。孙家栋组织总体部门将任务分配到各个系统，由各个系统按照总体技术、质量指标开始进行研制。

在卫星测试厂房中工作

1974年11月5日11时，在一望无垠的茫茫戈壁上，完成了星箭对接的运载火箭矗立在发射台上，整装待发的第一颗返回式遥感卫星完成了各项检测，发射在即。随着口令的下达，各系统的地面电缆、电信号接插件、气源连接器纷纷按程序依次从火箭上脱落……然而，这时的卫星却没有收到成功转内电的信号。发射指挥台上的倒计时指示表上的时间正一秒钟、一秒钟地递减，离火箭点火的时间只剩下几十秒钟！这一突然现象意味着如果火箭点火，将会带着不能正常供电的卫星起飞升空，而送入太空的将会是一个重达2吨的毫无用途的铁疙瘩。

就在这千钧一发的时刻，只听到卫星技术总负责人孙家栋一声大喊："停止发射"！如果按照正常程序逐级上报，等待指挥员发布"停止发射程序"的命令根本已经来不及了。

发射程序戛然而止，而孙家栋却由于神经高度紧张昏厥了过去。

按照正常程序，发布"停止发射"程序的命令需要一级一级申报批准，这也绝不是孙家栋分内的事，但他感到自己的职责所在，紧急关头必须敢于承担风险！

发射在一刹那间停止了，人们还没有从高度紧张中完全醒过神，昏厥清醒过来的孙家栋立即做了简单布置，要求立即检查卫星的数据记录，结果发现是外供电插头脱落引起星内电路的脉冲波峰干扰了卫星转内电的执行。故障原因找到了，卫星和火箭又重新进入发射程序。

然而，天有不测风云，没承想运载火箭在点火飞行20秒钟后出现了失控现象，指挥员不得不发出火箭自毁的指令。顿时，卫星连同火箭在一声巨响声中随着爆裂的火焰炸成碎片，散落在离发射台不远的地面。

几十年过去了，孙家栋对这次事故仍然记忆犹新，他说：

“火箭爆炸时，把半个天都映成了红色，那个惨劲，令人痛心不已。为了查找原因，大家把那么大的一片沙漠翻了一尺多深，然后拿筛子把炸碎的火箭卫星残骸筛出来。之后让大家来‘认领’自己的东西，这一块小铜片是我这个仪器上的，那个螺钉是你那台仪器上的。大家分门别类，对照残骸一块一块认真检查，当拿起一根导线对光一照时，发现完整的外皮里面的铜丝却是断的！但是，只找着这个还不算是充分的证据，还要弄明白这根导线是哪个系统上的？是什么设备上的？这根导线是在什么时间断的？断了之后会出现什么样的现象？要做充分的理论分析，再到试验室进行模拟试验。”最后，这根质量不好的导线终于被判定为导致发射失败的“元凶”。

孙家栋鼓励大家接受教训，继续战斗。一年后，新一枚运载火箭和一颗新的卫星完成了各项检测程序，又矗立在了发射台上。

13 果断拆除“炸药包”

1975年11月26日，长征二号运载火箭携带我国第一颗返回式遥感卫星成功发射升空。孙家栋和他的同事们喜悦之后又有担忧：以前操心的是卫星能不能成功发射，入轨后又担心卫星能不能正常工作，现在又在为卫星能不能正常回来而紧张。

第一颗返回式遥感卫星成功发射

返回式卫星技术，在当时堪称是世界最为复杂和尖端的技术之一。美国和苏联的返回式卫星都是经历过多次失败后，才成功回收。美国1959年开始了“发现者”返回式卫星的研制工作，经过38次飞行试验，历经12次回收——失败——改进——再回收，最终才获得成功。苏联的航天器返回技术是为载人航天打基础的，所进行的试验次数更多。

中国的返回式卫星第一次发射就实现了成功回收，这里面饱含着航天人的心血和汗水。孙家栋回忆当时的情景说：“虽然发射成功了，但能不能回来却让人心里没底，因为是第一次，压力很大。有一件很典型的事情，返回式卫星即便能够返回，还得让卫星落到指定的地方，要卫星从北往南进入中国上空后落在四川。假如落下来的速度慢了一点，卫星还会继续往南飞，再往南飞的话，搞不好就出国了。如果掉到海里还好办一点，要是落到国外，麻烦事就多了。所以当时有人提出在卫星上装个‘炸药包’（自毁系统），一旦发现轨道不正常，控制不了落点，就下指令把返回舱在空中炸掉。‘炸药包’安置好了，卫星也进入发射场开始了电测，就在要临近发射的时候，忽然又有人提出，如果卫星没有出毛病，而且也落到了指定范围，谁敢保证在天上转了几圈的‘炸药包’不会出毛病？如果一开盖，里头的‘炸药包’崩了，那不就出大事了。这‘炸药包’到底装还是不装？原来说要装是有道理的，现在说怕出事要求不装了，也必须要讲出道理。我作为卫星技术负责人，当然压力就更大了。那几天，白天、晚上都在研究这个问题，精神上确实有点支撑不住了，曾经晕倒过好几次。经过正反两方面的反复权衡，大家统一了意见，认为卫星万一飞出国外，属于外交问题的处理范畴，如果卫星带着‘炸药包’从发射场点火起飞，在空中运行那么长时间，返回落到地面的很多环节都有危险。两者的风险权衡，前者的风险毕竟要小于‘炸药包’的风险，最后我决定取消‘炸药包’

方案。尽管卫星已经在发射场完成了各项测试，操作人员又修改方案制定了拆除‘炸药包’的程序。当操作人员小心翼翼地将‘炸药包’从卫星上拆除后，我这颗悬着的心才算落了地。这件事情虽然花费了很多精力，经过了几次反复，但最终用权衡利弊的方法得出了明确结论，感到精力花的还是值得的。”

11月29日，这颗卫星按计划在太空运行3天，完成了对地探测任务后按预定方案返回了地面，获得了大范围的遥感资料。孙家栋在返回式卫星回收指挥室里听到卫星安全回收的报告后，和大家一起激动得欢欣跳跃。在指挥室坐镇的国防科委主任张爱萍紧紧握着孙家栋的手，高兴地拥抱了孙家栋，并应孙家栋的建议即席赋词一首《欢呼长征火箭发射，遥感卫星首次回收成功》。

经过第一颗返回式遥感卫星积累的经验，孙家栋领导工程技术人员对卫星进行了相应的修改设计，第二颗返回式遥感卫星于1976年12月7日成功发射升空。

返回式卫星成功回收

14 关键时刻“大义凛然”

1984年4月，正是西昌的阴雨季节。8日这天，乌云笼罩，长征三号运载火箭成功地把第一颗试验通信卫星送上了太空。

发射成功的第二天，刚刚卸下卫星发射重任的孙家栋，还没来得及喘息休整好好地睡一觉，便又乘专用飞机，马不停蹄地从西昌卫星发射中心紧急赶往西安卫星测控中心。

就在卫星进入地球准同步轨道向定点位置漂移时，西安卫星测控中心发现卫星上的电池温度超过设计指标的上限值，并且还有继续上升的趋势。遥测数据显示，卫星的外壳和其他部分仪器的温度也偏高，如果控制不住，温度将继续升高，刚刚发射成功的卫星危在旦夕。地面技术人员测控高空发热的卫星，如同医生治疗发高烧的病人，但是，“病人”并不在医生的面前，它远在36000千米高度的赤道上空快速飞行。抢救，刻不容缓！

此时的孙家栋心力交瘁、疲惫不堪，但他全然不顾这些，立刻投入到对卫星故障的应急处置中。他迅速召集技术人员开会，鼓励大家群策群力，出主意想办法，很快形成了解决问题的思路。凭着对卫星及其飞行过程的分析，孙家栋初步判断卫星发热是由于卫星相对太阳姿态角的变化所引起的，于是，他果断地作出了对卫星进行大角度姿态调整，降低太阳电

在东方红二号通信卫星故障处理决策会上（站立者为孙家栋）

池阵与蓄电池之间的电压差，减小充电电流，迫使蓄电池停止升温和降温的应急故障处置的决定。

西安卫星测控中心随即对卫星发出了应急指令：将星上所有功耗仪器设备全部打开，尽可能多地消耗电能，多次调整卫星姿态，改变太阳辐射角，以减少太阳能电池对卫星的供电，最大限度地增加镉镍电池放电量。

完成这些技术措施后，卫星的温度立即得到了控制，但卫星还不能正常工作。孙家栋与技术人员又经过几个昼夜的模拟

试验发现，当太阳照射角为90度时，卫星能源系统保持平衡可以将温度控制在设计指标范围内。于是，孙家栋果断命令对卫星姿态角再调整5度。按照正常情况，“再调5度”的指令需要根据精确的运算结果后形成文件，按程序审批签字完毕才能执行。但在这种紧急情况下，各种审批手续已经来不及了。

此时，操作指挥员也感到压力巨大，尽管孙家栋的指令已经在录音设备中录了音，但毕竟没有经过指挥部会商签字。为慎重起见，指挥现场的几个操作人员临时拿出一张白纸，在上面草草写下“孙家栋要求再调5度”的字据要孙家栋签名，孙家栋毅然拿起笔，在字据的下方签下“孙家栋”三个字。要知道这三个字的分量和风险，如同10年前发射卫星的情况一样，需要把个人的一切顾虑抛到脑后，战争年代这叫做“生死置之度外”，在没有硝烟的卫星发射、测控现场，这也是另一种不顾个人安危的“大义凛然”！

执行了地面发去的指令后，卫星温度停止上升并一点一点地回落，蓄电池热失控的现象被制服了，卫星终于化险为夷。而此时的孙家栋已是精疲力竭了。

第一颗试验通信卫星的成功，标志着中国成为世界上第5个发射地球静止轨道通信卫星的国家。孙家栋对太空中“发烧”卫星的处理决策在世界航天界实属少有，同事们惊叹这一绝招。事后，对卫星故障处理的这种创造，引起了航天界人士的关注，人们纷纷说，这真为我国通信卫星工程立了一大功！

4月16日18时28分，卫星准确定点于东经125度赤道上空的地球静止轨道，中国拥有了自己的第一颗通信卫星。4月17日18时，卫星通信试验正式开始。当孙家栋看到张爱萍在北京通过试验卫星与远在新疆乌鲁木齐的王恩茂如同近在咫尺、清晰的电话通话声音时，发自内心地松了一口气。几千个日日夜夜的拼搏，孙家栋总算从心底流露出了由衷的笑容。

15 统领三项卫星工程的“总总师”

随着中国改革开放和国民经济发展的需要，国家确定在地球静止轨道试验通信卫星发射、定点、应用成功的基础上，开始实施第二代应用卫星工程的研制计划。

第二代应用卫星工程主要为：东方红三号通信广播卫星工程、风云二号地球静止轨道气象卫星工程和中国与巴西合作研制的资源一号地球资源卫星工程。被任命为“总总师”的孙家栋，统领了这三项卫星工程的研制重任，成为跨部门、跨学科、跨专业的航天工程设计师系统的核心。

在整个工程大系统的技术指挥、技术决策和技术协调方面，他负责总体方案论证工作、审定总体指标、总体方案和技术途径。他在解决大系统之间相关技术问题和大总体协调工作中，坚持系统工程目标性、协调性和最佳性的原则，强调整体观念，从全局出发进行决策和协调，为第二代应用卫星的研制成功起到了非常重要和不可替代的作用。

在风云二号气象卫星生产现场检查工作

孙家栋在工作中十分重视与其他学科专家的配合。“两弹一星”功勋奖获得者、已故著名电子学家和卫星测控专家陈芳允，在谈到自己从事通信卫星测量控制工作时，念念不忘地说：“孙家栋在航天领域的研究中，很重视在空间技术应用的同时与其他学科的发展协调配合，在多学科综合利用、综合促进的总体协调方面很有一套独特的方法，常常能够在轻松的学术环境下解决看起来很复杂的问题。孙家栋在年龄上虽然要比我们年轻许多，但他为人处事很谦虚、很低调，很注意用分析的态度倾听不同意见，所以在学术界经常能够获得大家的支持。”

在研制通信卫星时，陈芳允提出在卫星上应用“微波统一测控系统”的建议，当时这项技术从未在卫星上使用。孙家栋作为中国空间技术研究院院长，又是通信卫星的总设计师，担任着卫星研制的领导工作，如果同意其他学科的新技术在卫星上应用，是要承担工程风险的。孙家栋组织有关技术人员对“微波统一测控系统”在卫星上应用的有关问题进行分析，并提出了一些建设性的意见后，采纳了陈芳允的建议。他认为如果卫星实现了“微波统一测控系统”方案，不仅对卫星测控切实可行，而且可以节省星上设备，能将各种信号统一通过收、发载波频率实现传递，实现一台设备多种用途，大大减少星上天线的数目，把原来所需要的几副天线合一使用。实践证明，采用这一技术，不但降低了卫星的功耗，减轻了卫星的重量，而且减少了设备的故障环节，对提高卫星的可靠性大有好处。

孙家栋对总体工作深明要意，他说："所谓总体，就是要用最可靠的技术、最少的代价、最短的时间、最有利的配合、最有效的适应性和最有远见的前瞻性，制订出最可行的方案，保证获得最好结果的一种方法和体制。工程总体主要解决总体集成，根据国情进行切实可行的总体编制和总体设计，总体要建立在已有基础和现有条件的基础上，还要为后续发展留有充分余地。新产品、新技术要提前安排攻关、研制计划，要与整个总体计划相吻合，中国航天几十年来走过的成功历程充分说明了总体工作的重要性。"孙家栋还解释道："比如航天产品在研制过程中，某系统出现的问题影响到了其他系统的工作，就要立即进行协调。有时候，某分系统或子系统出现的问题看似很小，而与其他系统进行总体匹配后，就有可能出现理论上想象不到的复杂问题。如同桌子与椅子的配合，如果在桌子太高而椅子虽矮但属于正常尺寸的情况下，一般处置方法是降低桌子的高度，可如果降低桌子高度所花费的时间过长、实现的难度过大时，就要从总体角度出发满足最后的目标，所以就有可能用不降桌子而升椅子高度的办法来实现桌椅之间的协调。"

16 事在人为，我就不信这个邪

1985年10月，中国政府向世界宣布：中国的运载火箭将投入国际市场，承担国外卫星发射业务。这一年，孙家栋由航天工业部总工程师升任为副部长，他的思维重点开始转向对外发射服务，转向国际间的航天科技合作与交流。

访问美国国会空间委员会

发射外国卫星遇到了许多从未遇到甚至从未想过的问题。

对运载火箭来说，涉及到与卫星的技术接口，然而，在没有获得卫星制造国的许可证前，卫星制造国是不允许双方技术人员坐在一起讨论技术问题的。

对地面设备来讲，卫星发射中心的机场要具备起降大型飞机的能力，要具备卫星停放、测试的恒温恒湿、超洁净度的卫星测试厂房及发射塔架特殊工作区，要向外国卫星提供多种与国际接轨的特殊支持设备。

还要按商业卫星发射的规则向国际航天保险界购买保险，发射时要进行电视实况转播。还有，在中国技术人员眼里不算问题的宿舍，也必须按西方人的星级宾馆标准建设和配备，在西方人眼里，对生活设施的要求要高于对工作环境的要求。

每项具体工作都需要逐条逐项地加以落实，每个项目都需要动用大笔资金。于是，出现了一对矛盾，设施、设备不具备条件，不要说拿到合同，就连与国外洽谈卫星发射服务的资格都没有。但如果耗用巨资将设施建起来，将设备造出来安装好，谁敢保证一定能将卫星发射任务承揽到手。建设还是不建设？花钱还是不花钱？下这样的决心是要承担很大风险的，孙家栋又一次站在了风口浪尖上。

在研究发射外国卫星工作的一次专题会议上，孙家栋站了出来，他慷慨激昂地发表了自己的见解："既然我们的航天能力和发射水平已具备了对外承揽卫星发射服务的能力，既然我国政府已经庄严地向国际社会作了宣布，那我们就应该横下一条心，坚定不移地把对外开放的步子迈出去！我们要对自己的能力和水平有信心，敢于承担风险，敢于承担责任，敢于下这个决心。我们应当继承发扬当年搞'两弹一星'的那股子攻克难关的劲头，把各项工作做好。至于说我们投入了大量资金而承揽不到卫星怎么办？我想，只要你的东西比别人的好，你的条件比别人优越，在同等情况下你的价钱又比别人的便宜，应该没有理由出现这个问题。事在人为，我就不信这个邪！”

进入国际发射服务市场困难重重，即便是欧洲发达国家，为进入这个市场也都用了好多年时间，欧洲阿里亚娜火箭进入国际市场用了整整 8 年的准备时间。

孙家栋与沈荣骏亲切交谈

孙家栋心里想，难道我们也要再花上8年时间？机遇不允许这样做！只能在借鉴外国经验教训的基础上，尽快走出具有中国特色的道路！

孙家栋在研究如何落实发射外国卫星的具体工作时，与国防科工委副主任沈荣骏不谋而合，他们认为：我们发射外国卫星是在做前人从来没有做过的事业，当前首先要解决两个带有基础性的问题，一是要在内部调整好一套适合于国际市场运作的对外开放准则，灵活运用30年来所遵循的军工产品保密规则，制定指导市场的商务方针、政策；二是要建立一支专业配套、适应国际航天市场的队伍，掌握一系列适应国际商务规范的知识和技能，按照国际惯例，尽力满足客户的各项要求。

市场经济较几十年来的传统方法，本身就是一场深刻的变革。作为一种新型的商业关系，卖方必须满足买方的条件和要求，否则，得不到用户的认可，他怎么可能带着卫星到你的国土上来呢？他怎么会轻而易举地把巨款拍到你的手心呢？

孙家栋的大脑不停地超前运转，他与同事们献计献策，适时制定出适应新形势、新要求的计划和可行方案。

两年后，一整套与发射外国卫星相适应的制度建立了起来，技术队伍和管理队伍也建立起来了，火箭的适应性改造业已完成，在发射场新建的卫星厂房醒目矗立，满足国际标准的发射塔架也已改造完毕。

17 航天专家出任“生意人”

中国航天人不仅要懂得研制火箭、发射卫星，也必须学会与国外商家打交道。孙家栋这个“造卫星”的专家，不畏艰难又担当起了“生意人”的角色。

1988年，香港亚洲卫星公司购买美制卫星——亚洲一号，准备使用中国的火箭作为运载工具。美国政府向来对高技术管制非常严格，此时也提出卫星当属高技术产品，对卫星出口要按军品管理的办法对待，卫星

孙家栋（前排左五）与外国友人在北京钓鱼台国宾馆合影

出境必须得到美国国务院、国防部及武器出口控制委员会的批准。争取许可证的使命落到了孙家栋的肩上。

很快，孙家栋与有关领导点将，由航天部、中国卫星发射测控系统部等部门组成的卫星发射服务宣讲团分赴有关国家，特别是向美国这个卫星制造大国阐明中国的立场，宣传自己的发射服务水平，讲解自己的各种保障支持能力和中国的立场。

通过艰苦的斗争和多方努力，美方的立场开始松动。9月9日，美国总统里根签署了批准美国制造的卫星由中国火箭发射的文件，但文件中还附带了三个限制条件：

其一，技术安全得到保障；

其二，双方对发射事故责任达成协议；

其三，中方发射的次数和价格要取得美方同意。

谈判比预想的还要复杂，双方各不相让，不时出现了僵局。

孙家栋深知，与美国共同制定中国发射外国卫星的政策必须建立在平等互利的基础上，不同国度的人将持不同的思维模式，这就必须要用打破常规的做法来对待。中方的立场必须得到美国人丁是丁、卯是卯的认同，要通过摆事实、讲道理，耐心解释的方法让美国人心服口服。

会谈开始，孙家栋简单致辞后便直接切入主题，义正辞严、单刀直入地陈述了中国政府的原则和立场：中国在外国卫星发射服务中，从来就没有打算谋求国外任何技术秘密，卫星到达发射中心将由卫星制造商自己监护，所以技术安全是完全有保证的；中国属于发展中国家，运载火箭的制造能力和发射服务能力都是有限的，不可能对欧洲及美国的发射服务商构成威胁，而对卫星用户来讲则多了一种选择，充其量中国的对外发射服务只是对国际市场的有益补充；至于说中国的发射服务价格低廉是价格倾销和政府补贴也是不存在的，中国的发射服务价格标准是依照中国的综合因素确定的，并且按照国际惯例，发射服务进入商业市场的初期由于服务质量和服务水平的原因，价格也会相对便宜一些；既然中国宣告进入国际航天发射市场，中国就有能力满足用户的各项要求，这个要求包括技术设施、保密措施、生活保障等，我们都会按照国际标准准备好，欢迎航天界的朋友带着你们的卫星到中国来发射。

这些说辞光明正大，深得人心，在当时起到了很重要的作用。这也是对中国航天对外开放遇到问题的综合解答。殊不知，这些与国际接轨的解决办法，耗费了奋力开拓进取的航天人以及孙家栋多少心血。

美方代表迈考里斯特深谙政治，熟知外交，是美国的职业谈判老手。当他与孙家栋对峙后大为吃惊，一位闻名的科学家，一个“造卫星”的专家，怎么会具备那么多集政策、外交、科技诸多方面的谈判技巧？

在孙家栋报出发射价格的时刻，迈考里斯特的神色严峻起来，他以强硬的口气指出：“美国认为中国的卫星发射不属于正常的市场价格，是在政府补贴下的市场倾销。”孙家栋的回答柔中有刚：“在卫星发射价格这个问题上，中国和美国是一样的，中国坚持奉行市场经济政策。如果说中国在发展航天方

仔细推敲合同文本

面有政府补贴的话，那么美国的卫星发射场由国家投资建设，难道就不是政府补贴了吗？”“要说为什么中国的发射费用低，那便是中国的劳动力要比美国便宜得多。当前，美国的一个普通劳动力月收入应该是3000美元至4000美元，而中国的一个普通劳动力的月平均工资只有100多元人民币，这相差上百倍的工资反映到劳动力密集的火箭制造企业，中国的发射价格比美国便宜难道不正常么？”孙家栋有理有据的回答使美方代表不得不点头称是。

当谈到卫星进入中国后的技术安全保障时，谈判几乎陷入僵局。美国要求中国不仅在技术措施方面保证卫星机密不被窃取，还要求中方承诺卫星在进入中国海关后免除检查。这方面的问题涉及到了国家海关主权原则，必须要协调拿出相应对策。孙家栋想到了中国的“特区”政策，想到了美国卫星的“入关”实际上只是“过境”。在中国特区的“保税外贸加工区”里，也有区别于“入关”的开放政策，如果能够运用这项政策，无疑可以打破目前的谈判僵局。谈判小组所有的人茅塞顿开、拍额相庆，都同意对美国卫星给予“过境”免检的待遇，大家马上行文报到了外交部和海关，迅速获得了国家批准、同意，美方也表示满意。“许可证”问题终于尘埃落定，中国航天昂首挺胸地进入了国际商业发射市场。

1988年12月，中华人民共和国政府与美利坚合众国政府签署了《关于卫星发射责任的协议备忘录》、《关于商业发射安全的协议备忘录》和《关于商业卫星发射服务国际贸易问题的协议备忘录》。三个协议备忘录十易其稿，一场艰苦的智力战，终以中国获胜而达到了预期目的。此时，大家终于看到了孙家栋舒心的开怀大笑，他对与美国的谈判深有感触：国际航天合作的谈判实质上是两国综合国力的较量，国家的实力增强了，与对方谈判的分量自然就加重了。

曾经担任航天工业总公司总经理刘纪原讲过一句话，“孙家栋在第一线谈，后面有12亿中国人民在作后盾”。

孙家栋与美国驻华大使芮效俭分别代表本国政府签署《关于卫星技术安全协议备忘录》

18 为深空探测当先锋

纵览国内外航天科学技术的发展，发射人造地球卫星、载人航天和深空探测是航天活动的三大领域。我国已经成功地发射了人造地球卫星和载人航天器，但我国的深空探测活动还是空白。所以，适时开展以距离地球最近的月球探测为起点的深空探测，是中国航天活动的必然选择，也是中国航天事业持续发展、有所作为的重大举措。

我国一批专家、学者早在20世纪六七十年代就在跟踪国外探月发展动向，并把探月作为深空探测的起点进行论证，但由于当时还难以提出一个完整的探月规划，缺乏长期和有深度的科学探测目标，且当时国家的经济情况刚刚好转，航天基础还不扎实，因此，探月方案无法完善，探月计划也未能启动。

孙家栋也多次参加了有关探月的研究讨论，随着国家实力的积累，他认为，我国已经掌握卫星技术、运载火箭技术、测控网技术和发射技术，拥有一支技术雄厚的空间技术和空间科学研究队伍，根据目前对月球探测和月球科学跟踪研究的储备以及我国所具备的能力，开展探月的条件业已成熟。

历史的车轮刚刚迈入新世纪的2000年，国防科工委副主任、国家航天局局长栾恩杰频繁地找孙家栋，他非常了解孙家栋这位航天总体大师高超的谋略，敏捷的思维，丰富的经验，对中国航天的钟情和在航天界的影响力以及人格魅力。这两位在业内极具影响力的“老航天”满怀神圣的使命感，在一起谋划着中国航天发展的战略思路。他们认为，按照国家目前的技术水平和经济实力，完全可以开展对月球研究探测的工程实施，如果能够正确把握需求牵引关系，就可以着手考虑工程实施方面的大思路了。孙家栋与栾恩杰一拍即合，他们又把几十年来对月球资源应用有着极大兴趣的中国科学院院士欧阳自远找来，一起切磋谋划探月工程实施的事情。

嫦娥一号卫星发射前，孙家栋与栾恩杰（左）、欧阳自远（右）在发射塔架前合影

搞了一辈子航天工程的孙家栋根据自己多次担任大型航天工程总设计师的经验，提出在立项之前必须明确工程目的、实现途径、需求牵引、技术经济可行性、远期目标的连续性等原则问题。孙家栋提出，工程起步要先立足于满足工程的基本条件，在基本条件的基础上由简到繁，分步实现工程应用的发展目标。

在月球探测工程会议上

按照他的几轮描绘，庞大繁杂发散的头绪即刻向清晰的思路收敛，孙家栋的想法立即得到了栾恩杰和欧阳自远的赞同。2001年到2002年间，孙家栋受国防科工委委托，召集了全国航天工程技术人员和月球科学家之精华，对探月一期工程——绕月探测进行了为期两年的综合论证。这项论证是整个工程的关键，实现月球探测是一项非常复杂的系统工程，怎样在我国现有的技术水平和有限的经费条件下，实施这一复杂的多学科高技术集成的系统工程是一项巨大的挑战。只有完成科学的综合论证，才能使探月的科学目标通过可以实施的工程变成现实。这不仅包括工程的总体方案和五大系统的确定，还包括各大分系统之间协调与组织；在综合论证中，不但选择使用哪种运载火箭、卫星平台，还要解决怎样实现38万千米距离的精确的测控，选取怎样的奔月轨道等各种工程技术和理论问题。在综合论证中，孙家栋结合中国航天技术的实力，集思广益，把众多的复杂问题像剥笋一样，层层剥开，然后去掉细枝末节，详细分析，直到抓住真正的技术核心问题并提出可行的技术思路。

论证中，最令人担心的是我国的深空测控能力不足。以前，我国航天器飞行的最远距离是距地球7万千米，我国的航天测控这只“手”最远也只能抓到这么远，那么利用现有的设施能否追踪上38万千米外的月球探测器，便成为了最大的难题。经过两年多的努力，孙院士带领一批专家足迹踏遍千山万水，数据分析千遍万遍，克服了重重困难，最终落实了技术方案：利用现有的航天测控网，再加上中国科学院北京、上海、昆明天文台组成的天文观测网——甚长基线干涉测量系统，可以完成绕月探测器的测控任务。

综合论证还表明，发射绕月探测器完全可以采用我国现有的火箭和卫星平台，从而用最成熟的技术、最可靠的性能和最低的成本来发射中国的首枚月球探测器。运载火箭将利用长征三号甲火箭现有成熟的技术加以适应性修改，以满足绕月飞行条件。绕月探测器将使用东方红三号卫星平台，并安装探月专用仪器；发射场选择中国的三大发射场之一西昌卫星发射中心；测控任务则由航天测控网和天文观测网联合承担。

孙家栋带领实施的综合论证最后得出了结论：科学目标明确、先进，没有颠覆性的技术难题，为国家的最后决策提供了科学依据。

19 75岁担纲探月工程总师

2003年2月28日，国防科工委在北京召开了200余人参加的“2003年民用航天工作会暨探月工程筹备会”。国防科工委邀请孙家栋等20名院士作为正式会议代表参加了会议。会上，国防科工委副主任栾恩杰作了题为《与时俱进，开拓进取，谱写航天新篇章》的报告。报告中提出了“正式启动探月工程筹备工作”。国防科工委主任刘积斌宣布了探月工程组织系统名单，任命孙家栋为探月工程筹备阶段的总设计师，由他负责组织工程总体方案研究实施的筹备工作，孙家栋的肩上挑起了中国航天又一里程碑性质的新重担。

2004年1月23日农历大年初二，温家宝总理批准绕月探测工程立项，将我国第一个探月工程命名为嫦娥工程，从此，绕月探测工程正式启动。这是继载人航天工程后，我国又一举世瞩目的国家重大科技工程。

2004年2月19日，国务院批准成立由国防科工委任组长单位，国家发展与改革委员会、科学技术部、财政部、总装备部、中国科学院、航天科技集团公司等单位参加的绕月探测工程领导小组。在不到一周的时间里，国防科工委便组织召开了绕月探测工程小组第一次会议，会上确立了绕月探测工程的科学目标、工程目标和研制计划。绕月探测工程总指挥栾恩杰、总设计师孙家栋和绕月探测工程应用科学首席科学家欧阳自远组成了探月工程的“三巨头”，75岁的孙家栋又一次接受了新的挑战。

至于“三巨头”的作用，形象地说就是总指挥管的是绕月工程要做什么，总设计师管的是怎么做，而首席科学家管的是为什么要做。作为总设计师，孙家栋始终站在工程总体的高度统领各个系统坚持一项原则：即工程要根据国情国力，贯彻“有所为、有所不为”的方针，选择有限目标，突出重点，集中力量，在关键领域取得突破，循序渐进，持续发展，为深空探测活动奠定坚实的基础。

总设计师孙家栋与总指挥栾恩杰在绕月探测工程会议上

对于工程的科学目标，他也坚持一条原则：即探月工程虽然起步晚，但起点要高，要优选探测目标，优化技术实施途径，做一些别人尚未做过的事，有一定的先进性和创新性，在填补我国探月空白中，形成自己的特色，为国际探月作出应有贡献。

工程实施伊始，孙家栋就抓住主要矛盾，丝毫不敢松懈。以往我国发射的航天器，全部是在地球引力场作用下环绕地球运动的航天器，实现对地遥感、通信、数据传输、载人飞行等任务。要实现探月，则必须使航天器飞出地球引力场，进入到38万千米远的月球引力场。由于月球与地球、太阳的运动关系，发射探月卫星必须考虑一个复杂的三体定位问题，这与发射一般的地球卫星有很大的不同。有一段时间孙家栋的脑子里经常反复思考着这样的问题：卫星在地球上发射的那一刻，月球在太空的什么位置？地球与月球都在不停地公转和自传，地球在

孙家栋在办公室

什么季节与月球的距离最近？何时发射最有利于测量和控制？

孙家栋多年来养成了一个习惯，脑子里只要装上问题，就会觉得茶无味、饭不香，他会沉默寡言，日思夜想。好几次，有时是半夜，有时是凌晨，老伴醒来发现床上的老头不见了，细听房间没有一丝动静，吓得她大喊。孙家栋却很沉稳地说："你睡你的觉，不要大惊小怪。"原来，孙家栋夜里醒来看到窗外挂在空中那明亮的月亮，便身不由己地走到凉台上，仔细地看着月亮在天上慢慢移动，心里在默默琢磨工程总体的一些技术方案。有时他在窗前一站竟是几个小时，折腾的老伴也睡不踏实。

就嫦娥一号卫星方案和成果，孙家栋指出，不论哪个国家，从事航天活动共同遵循的原则通常都是尽量采用成熟技术，在成熟技术的基础上继承、发展、运用新技术。通过解决、攻克工程中的难关，科学技术水平将会很自然地得到提高，从而在相关领域产生连锁性的跨越式发展。如果说世界各国为探月花费了巨大代价的话，那么，中国的探月则应该在他们成功与失败的基础上，采取最为优化和最为经济有效的方案。

20

总设计师的“抛砖引玉”

自从2005年10月神舟六号载人飞船任务获圆满成功后，探月工程成为中国航天新的热点，人们对此的关注与日俱增，这无疑增加了总设计师孙家栋的压力。

月球探测是中国第一次向深空探测领域的迈进，是第一次对地球以外的星体进行近距离探测，一期工程面临着一系列新的关键技术和难点，比如轨道设计与飞行程序控制，远距离跟踪测量与地面操作控制的实现等。孙家栋作为探月工程五大系统总设计师，在工程方面他考虑最多的问题自然是工程目标的实现、关键技术的解决途径和大系统的配套协调。

深入研究现场，检查探月卫星配套设备研制情况

在论证探月工程方案时，有些技术人员希望更多地采

用新技术，为此，在制定嫦娥一号卫星技术方案的会议上，作为总设计师的孙家栋非常果断地说出了自己的观点。他认为，“嫦娥一号”如同其他人造卫星一样，也是由卫星平台与有效载荷两部分组成。在满足技术指标要求的前提下，尽量采用成熟技术，不仅可以提高可靠性，减少资金投入，而且可以缩短研制周期。然而，作为一项新的航天工程，必然是国家最高新技术的集合和应用，必然要采用大量当代最先进的技术，需要研制大量新设备，会遇到从来没有接触过的新问题。因此，需要将成熟技术与新技术科学地交叉使用，最大限度地保证可靠性，保证工程目标的实现，保证为后续任务的发展奠定尽可能多的理论与实践基础。孙家栋强调自己是在“抛砖引玉”，自己提的建议只是供大家制定方案时参考，但他谦和的人格魅力使大家一致赞同了这个观点。

对使用哪种型号的火箭发射嫦娥一号卫星，科技人员也有不同的看法。孙家栋边分析边和大家讨论：一项系统工程，并不是说技术最先进、性能最优、功能最强就是最好，关键是要看系统间的协调和匹配，总体最优才是最好，要“发挥系统集成优势”。长三甲火箭被称为“金牌火箭”，稳定性强、可靠性高，推力不是最大但够用，我们是第一次去月球，一定要在满足技术指标要求的前提下，尽量采用成熟技术，这样不仅可以减少风险和投入，而且可以缩短研制周期。最后，孙家栋拍板用长三甲火箭发射嫦娥一号卫星，大家心服口服。

卫星测控任务异常繁重，孙家栋亲自操刀谋篇布局，促成

装配中的探月卫星

我国现有的航天测控网和甚长基线干涉天文测量网联合工作，通过适应性改造，携手共同完成探月工程各个轨道段的遥测、遥控及测轨任务。在他的指挥下，嫦娥一号绕月卫星的测控任务分几段完成：发射段，使用成熟的航天测控方案；入轨后，以航天测控网为主，甚长基线干涉天文测量网辅助测量、提高精度，两网相互支撑，实现卫星调相轨道、地月转移轨道和绕月轨道的测控。

探月工程应用系统首席科学家欧阳自远发自内心地说“孙先生是一个善于把复杂问题简单化的‘高手’。我总是从科学目标的角度提出各种技术要求，希望我们的卫星性能高一点再高一点。但孙先生考虑更多的是如何实现‘绕’的大目标。孙先生常说，‘我是一个工程师，我的工作就是先要实现科学家的基本要求，然后再进一点拓展’。他善于抓住最主要的问题，并且敢于决断。比如说‘嫦娥一号’什么情况下发射。孙先生认为，安全就发，不安全就不能发，其他因素都不必考虑。因为不安全，什么目标都达不到”。

21 生活低调 工作高调

孙家栋是千千万万个造星人中的一个，更是为数不多的参加了中国第一星以及又见证了第一百颗星研制发射全程的资深造星人。

按说他的身价是很高的：他主持完成了我国第一颗人造卫星、第一颗返回式卫星和第一颗静止轨道试验通信卫星的总体设计；他担任东方红三号通信广播卫星、风云二号气象卫星、中巴资源卫星等3个我国第二代应用卫星工程的总设计师，负责上述3个工程大系统的总体设计、技术决策和技术协调，主持解决了一系列重大工程技术问题，工程均取得圆满成功；他担任我国北斗卫星导航系统一代和二代工程总设计师，作了多项重要决策，主持解决多项重大工程技术问题。北斗导航一代系统实现了三颗卫星组网应用，北斗导航二代系统正在部署中；他是我国月球探测的主要倡导者之一，提出了2020年前我国月球探测工程分三个阶段的实施方案，明确了我国月球探测的发展方向、目标和路线图。他担任月球探测一期工程的总设计师，提出了工程研制的指导思想，确定了工程目标和工程总体方案，对工程各大系统的技术途径作出重要决策，主持解决了多项关键技术问题，使我国月球探测一期工程获得圆满成功。

但是，孙家栋却把自己看得很简单：反正国家需要你到哪里，就到哪里。交给任务，就把工作做好。

他的脑子里装的尽是工程总体，很少想过个人得失，只要谈到他的生活，他总是一岔带过。

有一次，孙家栋与老朋友聚会，当谈到社会上一些人，包括科学界、学术界对待技术成果和名利的一些不正之风时，他的老同学刘从军又一次动情地说："孙家栋在中国航天发展中做了那么多默默无闻的工作，很多都不被人知道，他计较过了吗？那些追名逐利的人，应该拿孙家栋同志做榜样，拿他跟自己对照一下……"此时，孙家栋憨憨地夹一筷子菜放到老同学、老搭档、老朋友的盘子里说："吃这个，吃这个，这可是你喜欢吃的东西啊。"在众人的哈哈笑声中，他巧妙地把大家对自己的夸奖岔了过去。

孙家栋取得了辉煌成绩，采访他、宣传他的机会很多，但他的原则是能推则推，能拒则拒，尤其是对自己的宣传始终保持低调，他从不居功自傲。

孙家栋有一句经常说的口头语：什么名利不名利的，如果做出了成绩，那是组织上给了你活动的平台，那是同志们共同努力的结果。几十年来都是确定了任务按照分工开始忙起来，大家伙一门心思都扑在工作上，哪有心思去考虑什么个人得失。同志们都那么努力在工作，你如果总考虑自己那也太不够意思了吧，哈哈哈……

孙家栋觉得自己是最幸运的人，留学归国就加入了中国航天大军。在他80岁的人生旅途中，在他半个多世纪的航天职业生涯中，他有幸参加了中国100多颗卫星之中33颗卫星的研制，并在其中担任卫星技术负责人、总设计师或工程总设计师，亲身经历了从地球卫星到月球卫星的中国航天事业发展的三个里程碑。孙家栋曾经动情地说："搞了一辈子航天，航天就是我的'爱好'，这辈子都不会离开了。"

与戚发轫院士（左三）一起讨论问题

几十年来，孙家栋不论是做领导还是搞技术都非常认真，一丝不苟，不论是当研究室主任，还是当航天工程总设计师，他都能做到抓大放小，充分

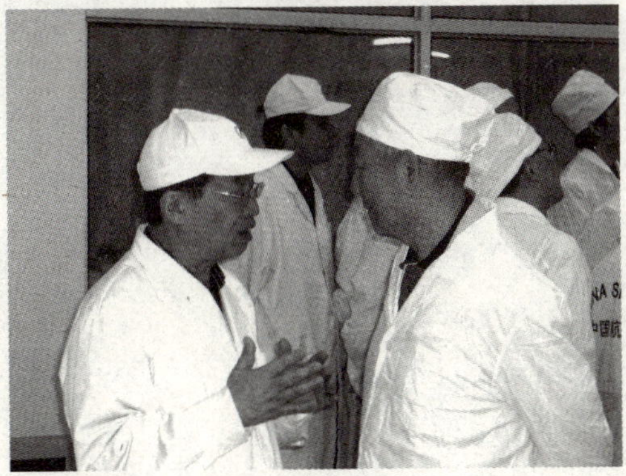

与叶培建院士（左一）交换意见

发挥大家的力量，自己勇于承担责任，能够以身作则。用神舟飞船总设计师戚发轫院士的话说：“孙家栋是小事不纠缠，大事不放过的人，跟他在一起痛快！”嫦娥一号卫星系统总指挥兼总设计师叶培建院士说：“孙家栋待人谦和，在工作中他总是能抓住问题的要害，提出解决问题的点子，跟他在一起心里踏实！”

孙家栋对中国的航天事业充满着深厚感情，他深知航天工业的强盛对国家所起的作用。几十年前，毛泽东、邓小平等老一辈革命家高瞻远瞩，对加速中国航天发展发出的号召，令他记忆犹新。胡锦涛等新一代领导人对中国航天给予的支持指导和高度重视使他精神焕发。2006年5月8日，孙家栋在北京接受中国国防科技工业编辑部采访时强调：“几十年的历史实践已经让我们深刻认识到，最先进的武器是买不来的，军工核心技术是买不来的，航天尖端产品也是买不到的，我们必须依靠自己的力量强大国防。增强军工科技创新能力，是国防科技工业增强核心竞争力的必由之路。”这是一个老航天人的情感之言、肺腑之言。

22 身经百战获殊荣

嫦娥一号卫星进入环月轨道后，由巡航姿态转入对月定向工作姿态，星上配置的探测仪器全部开启，开始了对月球的科学探测，地面接收系统对探测数据分析处理后，成功地制作出了清晰的月球图片。中国拥有了属于自己知识产权的第一颗绕月卫星，实现了“准时发射、准确入轨、精密测控、绕月出图”的要求。中国探月工程首战告捷的消息在国际上引起了很大的反响，中国成为了继美国、俄罗斯、欧洲和日本之后第五个进行月球探测的国家。

2007年10月24日，嫦娥一号卫星发射成功后，孙家栋立即乘坐专用飞机从西昌赶回北京。在以后的一个多月时间里，他基本每天都在北京航天飞行指挥控制中心，遇到卫星运行的关键节点，他常常昼夜难眠地凝望着卫星运行的数据图，他的大脑紧随着卫星的运行轨迹而翻腾，他的心随着显示屏上卫星前进的数据而跳动。

11月7日8时34分，嫦娥一号卫星成功实施了第三次近月制动，带着中国人的奔月梦想，成功进入经过月球南北两极、周期为127分钟的圆轨道。这之前的三次制动，将“嫦娥一号”从近月点212千米高度、远月点8617千米高度的椭圆轨道调整为高度为200千米的预定圆轨道。至此，“嫦娥一号”经过326小时的飞行，顺利实施了4次加速、1次中途轨道修正、3次近月制动共8次变轨，总飞行距离约180万千米，成功进入环月工作轨道。

11月26日9时41分，国家正式公布了嫦娥一号卫星传回并制作完成的第一幅月面图像图。温家宝总理为第一幅月面图像揭幕并发表重要讲话。发布仪式前，温家宝等领导接见了有关人员，温家宝总理来到孙家栋面前，握着他的手亲切地说：“家栋，你是身经百战啊，你辛苦了！”

温家宝总理为第一幅月面图揭幕

12月12日上午，中共中央、国务院和中央军委在人民大会堂隆重庆祝我国首次月球探测工程获圆满成功。会上，胡锦涛总书记走到孙家栋面前表示祝贺与慰问，他握着孙家栋的手亲切地说："谢谢你！谢谢你作出的贡献！"

在2007年12月12日庆祝我国首次月球探测工程圆满成功大会上，胡锦涛总书记与孙家栋亲切握手，说："谢谢你！谢谢你作出的贡献！"

38年前，孙家栋在人民大会堂两次参加向周恩来总理汇报中国第一颗东方红一号卫星研制、发射准备情况；30年前，孙家栋在人民大会堂参加全国科学大会时，聆听了邓小平充满号召性的讲话，他还在那个大会上作了题为《关于人造卫星的成就及展望》的专题发言；9年前，孙家栋在人民大会堂被授予"两弹一星"功勋奖章，江泽民总书记亲自把奖章挂到了他的脖子上；今天，还是在这里，中共中央总书记胡锦涛、国务院总理温家宝与他亲切握手，向他致谢。当孙家栋与总书记、总理眼神对望的那一刻，他又一次感到祖国的伟大、事业的神圣、

胡锦涛总书记为获得2009年度国家最高科学技术奖的谷超豪院士、孙家栋院士（左）颁发奖励证书

航天的光荣。

2010年1月，孙家栋院士荣膺国家最高科学技术奖，胡锦涛总书记亲手为他颁发了奖励证书。

问起他的获奖感言，他发自内心地说："心情非常激动，非常荣幸。自己感觉，航天事业是千人、万人大家共同劳动的结果，是在社会主义集中力量办大事的优势下产生的，奖励是给予航天事业的肯定。自己做得有限，心情不安，只有感谢各方面对我的支持和培养，向共同战斗的同志们表示感谢。""航天的事情一丝一毫都马虎不得，每个人手中的事情看似不大，但集合起来就是事关成败、事关国家经济利益的大事情，不论是哪个航天人，他都会想尽一切办法把事情办好。如果要说我自己，那我也就是那千千万万航天大军中的一分子。"

23 夫妻情深

孙家栋1959年8月与哈尔滨姑娘魏素萍喜结连理。

婚后，魏素萍很快由哈尔滨调到北京，在航天系统的医院从事医疗工作，曾任心血管科副主任。穿上白大褂，戴上听诊器，她是个好医生；回到家里，家务全包，又是个好妻子。她几十年如一日，任劳任怨地做好“贤内助”。魏素萍回忆起家庭与工作时说：“自打与孙家栋在一起就没见他闲过，一方面知道他的工作重要，另一方面他也经常不在家，在北京时不是加班就是开会，否则就是出差，到发射基地执行试验任务一去就是几个月，家里的事情别说压根儿没想靠他，就是想靠也靠不上。我们年轻时上有老、下有小，几十年一贯制也成自然了。现在孩子都长大了，家里没有负担，我们也老了。”魏

20世纪60年代末孙家栋的全家福

素萍将几十年生活说得那么轻松，丝毫没有怨言，可是孙家栋有时却觉得自己愧歉夫人不少。

那是1967年12月，魏素萍就要临产了，可孙家栋正在参加组建空间技术研究院的工作，整天忙得根本没有时间回家。孙家栋有时想晚上抽点时间去看一看夫人，可他这个“拼命三郎”真的没有时间。女儿在北京平安出生后，魏素萍躺在医院的床上很伤心，看到别的产妇都是家人欢天喜地、全力照顾，自己的床边却见不到丈夫的身影。想到这，魏素萍一阵阵心酸。第二天晚上，魏素萍总算把孙家栋盼来了，可他到医院的时间太晚了，由于晚上还有等待处理的急事，孙家栋看了看孩子，也就仅仅停留了十几分钟，便匆匆离去。

记得还是女儿出生后的一个星期天上午，孙家栋休息在家，打算帮夫人点火做饭。别看他在工作上大智大勇，做起家务活却笨手笨脚。不知是柴不干还是煤不好的原因，炉子里的火总是只冒烟而不着火，孙家栋趴在地上鼓着腮帮子对着火炉使劲吹，直吹得浓烟翻滚，却不见火苗。黑烟、柴灰搞得他两眼淌泪，满脸像涂花了的黑包公。恰巧宋健同志来办事，顺便到他家里看他，见状后哈哈大笑说：“孙家栋呀孙家栋，研究院的大部分职工都用上了煤气灶，你这个当领导的却趴在这个破煤炉下弄个大花脸，你这是怎么搞的嘛？”那个年月物资紧缺，连日用品都要凭票供应，煤气灶更是要按数量分配，身为院领导的孙家栋，每次院里分配煤气灶，他都是先让给别人，所以自己家一直还在烧蜂窝煤炉子。为这事，夫人心里还老犯嘀咕，她对孙家栋说，煤气灶这玩意儿各单位都是男方分，你们那儿怎么就没有轮到你的时候？后来才算搞明白，孙家栋总是学雷锋先人后己。

还有一件使魏素萍想不通而生气的事。那时家里装了电话，经常半夜深更电话铃一响，孙家栋就不披衣服从床上跳下，到外屋去接电话，一捧起电话就像开会讨论问题似的没完没了。每当这时，魏素萍就会拿着大衣跟过来给他披上，然后默默地离开。但有时不知是不愿让老伴听到他谈工作的内容，还是嫌老伴在旁边影响他的谈话，孙家栋总用眼睛瞪她，示意她走开。有一次，他接电话时，一手捧着电线不够长的电话，一边斜着身子伸长脚尖把门关上，这下惹恼了魏素萍："这家里就我俩，你工作上的事就是再保密，也不至于这样防备我吧，真是职业病！"话是这样说，她照样还是把家务活都担了起来。孙家栋心里明白，当时中国刚起步研制导弹、卫星，上不告父母，下不告妻儿，他只能沉默寡言，默默奉献。

1994年11月24日，作为我国第一颗大容量通信卫星工程总师的孙家栋，已经在西昌卫星发射中心待了很长一段时间。此时火箭、卫星都已测试完毕，太平洋上的远洋测量船和国内各个测量站都已完成各项准备工作，发射场的各项工作都已就绪，卫星发射进入到最紧张的时刻。这一天，魏素萍突然患了脑血栓，医院对她进行了紧张的抢救和治疗，即便这样，她的半边身子还是失去了感觉。

消息当天便传到了远在几千里之外的发射场，几乎人人都知道了这件事，唯独孙家栋不知道。作为一个高层领导，他总要在发射前夕把所有出现的技术问题再在脑子里过一遍，一定要保证使每个异常现象都能有把握地清零，要绝对做到卫星不带问题上天。由于他的责任重大，同事们没敢把魏素萍的病情告诉他。

一周后，卫星被成功地送入太空。多日来的疲劳紧张，卫星发射成功后孙家栋突然一放松，顿时觉得浑身像散了架似的无力，而这时还需要他立即回北京主持与美国航天代表团的谈判。他强力支撑着自己疲惫的身体，咬着牙完成了谈判，在会谈文件上签了字后，当天便累倒了，同志们用担架把他直接抬进了附近的医院。孙家栋住进医院，这才惦记起老伴这一段时间怎么没有一点消息？到西昌后与她通电话时，心里想的都是卫星方面的问题，总是催她快讲、快讲，用公家的长途电话别太啰嗦。

孙家栋很快弄清了情况，经他的再三要求，老两口住在了北京同一个医院接受治疗。为了不让夫人替他担心，孙家栋提前想好了对老伴该说些什么。他见老伴病得很重，满怀歉意地说："最近工作太忙脱不开身，要不早来看望你了。"而魏素萍看到他苍白的脸上写满了憔悴和疲惫，就猜到他是生病了在住院。患脑血栓的魏素萍尽管言语吃力，但连说带比划地向医生表达了她要如实了解孙家栋的病情。后来，医生同意了她的请求，并按他们的想法，把老两口安排进了同一间病房。

魏素萍出院后，身体半边麻木，不仅腿脚不灵活，连胳膊

孙家栋与夫人魏素萍在北京香山

和手也不听指挥。为了让魏素萍的四肢恢复正常功能，孙家栋在精神上鼓励她，在生活上照顾她，从百忙中挤出时间，和她一起锻炼身体。爱情的阳光雨露温暖了魏素萍的心，一年后，魏素萍竟奇迹般地康复，让身边的人都惊讶不已。有谁能想到，这一年，孙家栋的体重一下子减了20多斤。他还开心地打趣道：“这个减肥办法真好，就连最难对付的脂肪肝也一下子恢复正常了。”

其实，孙家栋的心里还总是惦记着与自己甘苦与共的老伴。一次，孙家栋出差新加坡有片刻闲暇，陪同人员提议出去逛一逛，孙家栋却提出去个买女鞋的地方。当陪同人员领他到买女鞋的地方，才知道他是想给老伴买双合适的软鞋。大家都明白“鞋子舒服不舒服，只有自己脚知道”的道理，所以只能帮着介绍鞋的种类和舒适的品牌，因为不知道尺码胖瘦，也不好过多地提参谋意见。就在这时，孙家栋像变戏法似地拿出一张纸，说这是比照老伴的脚画好剪下来的样子，说着把这纸样塞到鞋里进行比试，使在场的人大为感动，既为他这种科学家的做法所感动，也为他对老伴的认真态度所感动。

24 造一辈子中国“星”

在“嫦娥一号”顺利完成环绕月球的那一刻，全国的电视观众在电视屏幕上看到了一个被摄影师抢拍到的镜头，当航天飞行指挥控制中心的扬声器里传出嫦娥一号卫星绕月成功的消息时，在场的人全部从座位上站起来，欢呼跳跃，拥抱握手，而孙家栋却走到了一个僻静的角落，他悄悄地背过身子、掏出手绢偷偷地擦眼泪，这个镜头令许多人感动。一个年近80岁的老人，一个

绕月成功后，孙家栋止不住激动的泪花

为中国航天事业奋斗了几乎一生的科学家，在人们喜悦之时躲在僻静处偷偷抹眼泪，是多么的令人感动！

孙家栋从不大喜大悲，他不到极致是不会轻易掉泪的，那是喜悦的泪水，也是对昔日艰难拼搏获得成果时的泪水。孙家栋在航天发射试验中遇到过许许多多艰难险阻，身边的人未曾见他掉过眼泪，此时他悲喜交加流下激动的泪水，足以说明中国探月工程的艰难。

中国首次探月获得圆满成功后，有一段记者采访孙家栋的对话，从中可让人们对他的内心世界有一些了解或感悟。

那次采访，记者向孙家栋提出了这样一个问题：“孙总，假设我们实现了载人登月，航天员又可以把一件属于您自己的东西带到月球上作为永久纪念，您将会带什么去？”

孙家栋的答案完全出乎记者的预料，孙家栋说：“我是这样看的，假设将来真正实现了我们中国人登上月球那一天，每一克都是非常宝贵的，我相信我不会带我自己的东西，肯定要根据我们国家整个事业要求来带更重要的东西。你可以看一看我们的嫦娥一号卫星，它本身的重量是2350千克，里头装的推进剂就占到1200千克。而要把这件飞行器送到月球，它的代价相当大。所以你可以想一想，载人登月每一克的价值是多少。我们绝对会精打细算，每一克每一克都用得非常有意义。你问我自己想带什么上去，这个我绝对不敢设想。”

记者还是不甘心，又指着孙家栋面前的月球仪，话题一转像是开玩笑似地对他说：“既然您说上月球的每一克重量都很宝贵，不能随便带，那您希望以自己的名字命名上面的某个地形吗？这总归不占分量了吧？”

孙家栋朴实地笑笑说：“不敢想，从来没想过。不过自从参与探月工程，现在每天晚上抬头看月亮，那感觉和从前好像是有点不一样了。”

2007年是嫦娥一号卫星发射升空的关键性一年，这一年也是孙家栋最为繁忙的一年。为了探月工程能够按计划顺利实施，大量的事情需要协调落实，他经常马不停蹄地从一个城市飞往另一个城市，打“飞机的士”成了他的家常便饭。这一年里，年近80岁的孙家栋10次进入发射场，在发射现场指导了5次卫星发射任务，主持及参加了近百个与航天有关的会议，空中飞人似的从北京飞到全国20多个地方。有时一周内竟然能去三四个城市。在卫星发射前夕，孙家栋更是忙得不亦乐乎，两周内他几乎不停息地穿梭于北京和四川、山西之间。从9月初嫦娥一号卫星进入发射准备状态开始，一直到11月26日卫星出图的近百天时间里，孙家栋几乎全身心地投入到了探月工程的实施中。卫星发射成功后的一个月里，孙家栋虽然人在北京，但心系“嫦娥”，天天都坐镇航天飞行指挥控制中心，时刻关注着卫星每个动作的准确性。老伴魏素萍心疼地说：“他总是天天跑，穿皮鞋太累，我每年光布鞋就给他买四五双，你说他费不费。”

一位近80岁的老人，为了中国的探月工程，一年要穿破好几双布鞋！这几双布鞋所踏出来的是中国航天人的拼搏道路，显露的是一个科学家的毅力和情怀。

实际上，在嫦娥一号卫星发射之前，孙家栋就已经在酝酿探月工程的后续发展，他已经将一部分精力投入到了探月工程第二期实施方案的编制中。在那段繁忙的日子里，仅仅在2007年3月2日到7月13日短短4个月的时间内，孙家栋就主持召开了8次“探月工程第二期实施方案编制专家组会议”，他一边指挥协调“嫦娥一号”发射前的大量事情，一方面组织相关人员编制探月工程第二期实施方案。值得孙家栋欣慰的是，中国探月计划二期工程实施方案已经获得国家批准，中国航天可持续发展的步伐正在快速地向前推进。

如今，年逾80岁的孙家栋，仍然是会议不断，事务繁多，航天战略发展的研究、应用卫星的发展方向、航天技术对国家科技发展的牵引带动、多项重大科学技术评审等许多事情，都请他亲临现场，坐镇决策和指导。如今，孙家栋除了担任着三项航天应用卫星工程总设计师外，还担任着中国航天科技集团高级技术顾问、国家航天局高级技术顾问、国际宇航科学院院士、中国科学院院士、国际欧亚科学院院士，孙家栋每天要做的事情实在是太多了，但他依然按照自己的习惯，周到细致、严肃认真、不知疲倦、勤奋地拼搏着。

孙家栋说，自己这一生与“星星”结下了不解之缘，自己最大心愿就是造一辈子中国“星”！

附录一

关于开展向孙家栋同志学习活动的通知

科工综［2011］115号

各有关单位：

孙家栋是我国航天事业的奠基人之一、人造卫星技术和深空探测技术的重要开创者。他数十年如一日奋战在科研一线，爱党爱国、忠诚事业，发扬民主、严谨务实，锐意创新、勇攀高峰，淡泊名利、无私奉献，为我国航天事业发展作出了重大贡献。中央领导同志曾多次作出重要批示，要求在全国范围内宣传孙家栋同志的先进事迹，并在相关领域开展向孙家栋同志学习活动。经科学技术部党组、国务院国有资产监督管理委员会党委、国家国防科技工业局党组、中国科学院党组、中华全国总工会党组研究，决定在全国科技战线、中央企业系统、国防科技工业全行业开展向孙家栋同志学习活动。现将有关事项通知如下：

一、孙家栋同志的主要事迹

孙家栋，男，1929年4月出生，辽宁省复县人，中共党员。1958年毕业于前苏联茹柯夫斯基空军工程学院飞机设计专业。历任第七机械工业部五院（现中国航天科技集团公司五院）副院长、院长，七机部总工程师，航天部副部长，航空航天部副部长。现任中国航天科技集团公司高级技术顾问。1980年被授予七机部劳动模范荣誉称号，1991年当选中科院院士，1999年获“两弹一星”功勋奖章，2009年度荣获国家最高科学技术奖。

孙家栋院士是新中国培养的第一批优秀科技人才中的杰出代表，是我国著名的航天专家。他主持完成了我国第一颗人造卫星、第一颗返回式卫星和第一颗静止轨道试验通信卫星的总体设计，领导卫星研制和发射的技术管理工作，在解决重大工程技术问题上发挥了指导和决策作用，使我国成为少数几个拥有相关技术的国家。

他担任东方红三号通信广播卫星、风云二号气象卫星、中巴资源卫星等3个我国第二代应用卫星工程的总设计师，负责上述3个工程大系统的总体设计、技术决策和技术协调，主持解决了一系列重大工程技术问题，工程均取得圆满成功。

他担任我国北斗卫星导航系统一代和二代工程总设计师，作出了多项重要决策，主持解决了多项重大工程技术问题。北斗导航一代系统实现了组网应用。目前，北斗导航二代系统正在部署中。

他是我国月球探测工程的主要倡导者之一，提出了2020年前我国月球探测工程分三个阶段的实施方案，明确了我国月球探测的发展方向、目标和路线图。他担任月球探测一期工程的总设计师，提出了工程研制的指导思想，确定了工程目标和工程总体方案，对工程各大系统的技术途径作出了重要决策，主持解决了多项关键技术问题。2007年，嫦娥一号月球探测卫星成功发射，在一年工作寿命内实现了全部工程目标与科学目标，并实现可控撞月。我国月球探测一期工程获得圆满成功。在不久前刚刚圆满完成的嫦娥二号任务中，孙家栋院士担任了工程高级顾问。

五十多年来，孙家栋院士倾心于中国的航天事业，参与创造了中国航天史上多个第一的辉煌，为我国突破卫星基本技术、卫星返回技术、地球静止轨道卫星发射和定点技术、导航卫星组网技术和深空探测基本技术作出了重大贡献。现年已经81岁高龄的孙家栋院士，仍继续活跃在我国航天技术的前沿领域，奋战在航天型号科研一线，担任北斗二代导航系统、风云三号气象卫星的工程总设计师。他为人正直，顾全大局，十分重视人才培养，通过航天工程实践，培养了一批优秀的航天科技人才。

二、准确把握向孙家栋同志学习的主要内容

作为新中国培养的第一批留学归国人员，孙家栋同志亲历了我国航天事业五十多年的发展历程，他的奋斗历程与国防现代化建设和科技事业发展紧密相联。他把对党对国家对事业的无限热爱，化作忠于党、忠于国家、忠于事业的实际行动，是“两弹一星”精神和载人航天精神的生动写照。

（一）要学习他爱党爱国、忠诚事业的坚定信念。

孙家栋同志留苏回国就扎根于航天沃土中。八十载人生旅途，半世纪耕耘航天，从学习飞机制造到研制导弹武器再到发展卫星技术，他把个人理想与祖国命运、个人奋斗与民族振兴、个人选择与党的号召紧密联系在一起，始终不渝地把航天事业作为报效祖国的舞台，高龄之年仍服从党和国家的需要战斗在科研一线，“国家需要，我就去做”是他的忠诚信念。在工作中，他顾全大局、勇挑重担，急难险重任务面前敢于决断、敢于负责。学习孙家栋同志，就要像他一样把党和国家的需要作为一生的追求，以报效祖国为神圣职责，把强烈的爱党爱国情怀和对事业的无比忠诚落实到行动中，在本职岗位上忠于职守、尽职尽责、忘我工作、奋力拼搏。

（二）要学习他发扬民主、严谨务实的科学作风。

孙家栋同志认为，重大工程都要依靠发挥集体智慧。实践中，他善于将系统工程理论与重大工程实践相结合，注重组织引导科技人员发挥集体智慧和力量，注重倾听吸纳不同意见，统筹协调各方关系共同解决复杂难题。他严谨务实、精益求精，领导完成了我国30多颗卫星的研制工作。他重视团队建设和人才培养，主动给年轻人压担子，鼓励他们“放开手脚、大胆工作”，他曾率领过的月球探测工程设计师队伍中，35岁以下的达70%，一大批青年人才逐步成为团队的骨干力量。学习孙家栋同志，就是要像他一样注重发挥系统工程优势，以科学求实的态度，发扬技术民主，坚持不懈地严格要求、严格管理、精心设计、精心组织。

（三）学习他锐意创新、勇攀高峰的进取精神。

从领导研制东方红一号卫星，到以智取胜中美航天国际合作谈判，又到合作研制“争气星”——中巴资源卫星，再到挂帅月球探测、北斗导航工程，孙家栋同志不断创新思路和方法，突破了一项项关键技术，攻克了一道道复杂难题，成为了工程技术领域的带头人和领跑者。学习孙家栋同志，就是要像他一样不畏艰险、勇往直前，以永创一流的精神、追求卓越的魄力，致力于科技攻关；就是要深刻理解“创新是一个民族兴旺发达的不竭动力”的内涵，努力掌握自主知识产权，增强自主创新能力，占领科技制高点。

（四）学习他淡泊名利、无私奉献的高尚品格。

孙家栋同志不计名利得失，甘于默默耕耘，舍小我为大我，舍小家为大家，为事业发展奉献全部的青春年华、聪明才智和心血汗水。他将“一切为了祖国、一切为了成功”写在了浩瀚苍穹之上，落在了实际行动之中。然而，在成绩和荣誉面前，他却始终保持谦虚谨慎，从不居功自傲。学习孙家栋院士，就是要像他一样视名利淡如水、看事业重如山，扎扎实实干工作，默默无闻作贡献，要求自己淡泊名利、无私奉献，全心全意在本职岗位上贡献力量。

三、迅速掀起向孙家栋同志学习的热潮

各单位要高度重视，精心策划部署，认真组织实施，加大学习和宣传力度，把向孙家栋同志学习活动不断引向深入。

（一）加强组织领导，迅速掀起学习热潮。

各单位要切实加强对学习活动的组织领导，结合工作实际，精心组织、合理安排。要认真制定学习宣传计划，做到有目标、有措施、有落实、有效果；要迅速组织力量，加大工作力度，充分利用报、台、刊、网等媒体，采取组织生活会、主题党日、座谈会、读书演讲等方式，开展形式多样、内容丰富的学习宣传活动，迅速掀起学习热潮。

（二）融入中心工作，不断推动学习深入。

要紧密围绕中心工作，把开展向孙家栋院士学习活动，与深入开展创先争优活动结合起来，进一步推动各级党组织和广大党员以孙家栋同志为榜样，以学习先进典型为动力，争当爱党爱国的标兵、科技创新的先锋、真抓实干的典范、无私奉献的楷模，增强党员干部的责任意识、大局意识和创新意识。要通过学习活动，使孙家栋同志的先进事迹深入人心，使孙家栋同志的精神品质融入到干部员工的实际工作中，不断为全面实现我国科技进步、中央企业系统和国防科技工业领域的改革发展作出新的贡献。

（三）坚持求真务实，落实人才强国战略。

人才资源是第一资源，人才工作在党和国家工作全局中具有十分重要的地位，我国科技战线、中央企业系统和国防科技工业行业急需培养一批德才兼备、国际一流的科技尖子人才、国际级科学大师和科技领军人物。各单位要将学习孙家栋同志的活动与人才强国战略紧密结合，深刻认识到开展好学习活动对于建设一支饱含爱国热情、勇于追求真理、发扬务实作风、善于团结协作、积极改革创新、争创一流业绩的高素质人才队伍，更好地实施人才强国战略，实现科技人才的可持续发展具有重要的现实意义。

各单位要通过开展向孙家栋同志学习活动，进一步营造学习先进、崇尚先进、争当先进的浓厚氛围，激励广大干部职工把学习成果转化为做好本职工作、争创一流业绩的实际行动，为全面建设小康社会和实现中华民族伟大复兴作出更大贡献。

附件：孙家栋同志主要事迹

科学技术部

国务院国有资产监督管理委员会

国家国防科技工业局

中国科学院

中华全国总工会

二〇一一年一月二十八日

附件：

孙家栋同志主要事迹

孙家栋，中国科学院院士，“两弹一星”元勋，2009年度国家最高科学技术奖获得者，现任中国航天科技集团公司高级技术顾问。孙家栋院士是我国著名的航天技术专家，是我国人造卫星技术和深空探测技术的开创者之一。他几十年如一日，时刻以共产党员的标准严格要求和激励自己，在重大工程中发挥先锋模范作用，为我国航天事业发展作出了重大贡献。

“国家需要，我就去做”

1942年6月，13岁的孙家栋以优异的成绩考取哈尔滨第一高等学校土木系。该校是一所四年制的专科学校，孙家栋一门心思学好本事，实现建高楼、修大桥的理想。1948年9月，18岁的孙家栋考入哈尔滨工业大学预科学习俄语，适逢哈工大增设汽车专业，造汽车似乎比修大桥更有意思，他便转入了汽车系。还没碰到汽车，新中国开始组建空军，品学兼优的孙家栋作为急需的俄语翻译人才被选送入伍。

1951年，孙家栋和另外29名军人被派往前苏联茹柯夫斯基工程学院飞机发动机专业学习，这是新中国成立后第一批公派留学人员。茹柯夫斯基工程学院规定，每年各科考试成绩都获得5分的同学，毕业时可获得一枚印有斯大林头像的金质奖章。1958年，孙家栋带着这样一枚珍贵的金质奖章回到了中国。

学了7年的飞机发动机专业，孙家栋本以为会和飞机打一辈子交道，没想到1958年4月20日，他被分配到国防部五院一分院总体设计部，从事导弹研究。此时正是“两弹一星”事业启动之时，我国培养的这批留苏学生，有1/3被调到这里从事导弹研制工作。

在从事导弹研制的9年历程里，孙家栋参加了仿制苏联援助导弹的技术攻关，并随东风一号导弹试验队赴基地参加了发射任务。发射成功后，现场指挥发射工作的聂荣臻元帅激动地站起来说：“在祖国的地平线上，飞起了我国自己制造的第一枚导弹，这是我军装备史上一个重要的转折点！”在参加我国自行设计研制的中近程导弹首次发射任务时，由于控制系统失稳，导弹刚刚起飞就坠毁在导弹发射台附近。孙家栋经历了故障查找、故障分析和方案设计改进的紧张工作。他参与了修改设计后的东风二号导弹的发射试验任务，飞行试验获得圆满成功。这次成功，对于中国的导弹事业的发展具有非常重要的意义，我国不仅掌握了导弹研制的关键技术，并且系统地摸索总结出了导弹研制的科学规律，提出了必须强化总体概念，设计方案必须在可行性论证和地面试验的基础上，以可靠性为出发点进行设计。从此，导弹研制的队伍趋于成熟，总体设计的技术逐渐被掌握。1964年7月，孙家栋被任命为中国第一枚自行设计的中程战略导弹的总体主任设计师，并且挑起了导弹总体设计部总体设计室主任的重任，主持了导弹总体方案论证和总体设计工作。之后，孙家栋又升任导弹总体设计部副主任，其主任是著名导弹专家屠守锷。

正当孙家栋事业有成、业绩红红火火之际，1967年中央决定组建中国空间技术研究院，由钱学森任院长。钱学森亲自点将，让孙家栋重组卫星研究队伍。已是国防部五院一分院导弹总体设计部副主任的孙家栋，再一次放弃了自己已经熟悉并建树颇丰的领域，担起卫星研制的重任。这一年他38岁。

1967年，孙家栋担任我国第一颗人造地球卫星总体设计负责人，在前人的基础上大胆对卫星方案进行了简化设计和研制工程管理，完成了在最短的时间实现卫星上天的任务。1970年4月，中国第一颗人造卫星“东方红一号”，在“长征一号”运载火箭的巨大轰鸣中腾空而起，中国成为世界上第5个能够发射人造卫星的国家。

此后，孙家栋又先后担任了我国第一颗遥感探测卫星、第一颗返回式卫星的技术负责人、总设计师，他还是我国通信卫星、同步轨道气象卫星、地球资源卫星、北斗导航卫星等第二代应用卫星的工程总设计师。在我国自主研制发射的100余个航天飞行器中，由孙家栋担任技术负责人、总设计师或工程总设计师的就有35颗，占整个中国航天飞行器的三分之一。

2004年，我国正式启动探月工程。已是75岁高龄的孙家栋再次披挂上阵，亲自担任总设计师。探月工程风险很大，很多人替孙家栋捏了一把汗：工程一旦出现问题，已是“两弹一星”元勋的孙家栋的辉煌历史必会受到影响。但孙家栋没有一丝犹豫。“国家需要，我就去做。”他说，“这是一个航天人最基本也是最重要的素质。”

2007年11月26日，温家宝总理为“嫦娥一号”卫星传回的第一幅月面图像揭幕时，来到孙家栋面前握着他的手亲切地说：“孙老，你是身经百战啊，你辛苦了！”

航天系统工程“要依靠发挥集体智慧”

1967年，经钱学森推荐，38岁的孙家栋受命领衔研制我国第一颗人造卫星。当时，科学院的同志们已经对卫星的研制做了大量的基础工作，为加快研制进度使卫星研制工程化，孙家栋认为必须发挥系统集成优势，同时也必须有一个负责顶层设计的卫星总体设计部门。于是他从火箭研究院选调了戚发轫等18名具有一定系统工程实践经验的技术人员，加强总体设计力量。作为卫星技术总负责人的孙家栋，充分发挥大家的聪明才智，大胆地对原来的卫星方案进行简化，并说服了一些老专家，把卫星研制计划分为两步走，即先用最短的时间实现卫星上天，在解决了有无问题的基础上，再研制带有探测功能的应用卫星。孙家栋带领大家重新制定了东方红一号卫星的总体技术方案，最后确定卫星由结构、热控、电源、短波遥测、跟踪、无线电和《东方红》乐音装置以及姿态测量部件组成，总质量173千克左右，直径1米，外形为近似圆球的72面体，采用自旋稳定方式在空间运行。卫星总体技术方案通俗地概括为“上得去、抓得住、听得清、看得见”。当最终方案需要有人拍板时，孙家栋找到时任国防科委副主任的刘华清上将，直率而恳切地说，“你懂也得管，不懂也得管。你们定了，拍个板。我们就可以往前走。”1970年4月24日，东方红一号卫星成功发射，太空响彻《东方红》乐曲，中国成为世界上第5个发射人造卫星的国家。

孙家栋为人处事谦虚、低调，很注意倾听不同意见。在我国通信卫星研制时，测控技术专家陈芳允先生提出了在卫星上应用“微波统一测控系统”的建议，当时这项技术从未在卫星上使用。孙家栋时任空间技术研究院院长，又是通信卫星总设计师，如果同意其他学科的新技术在卫星上应用，是要承担工程风险的。孙家栋组织技术人员认真地研究分析，并提出了一些建设性意见后，采纳了陈先生的建议。后来，在通信卫星上采用“微波统一测控系统”方案获得了成功。实践证明，这一技术不仅对卫星测控切实可行，而且可以节省星上设备，实现了一台设备多种用途，降低了卫星的功耗，减轻了卫星的重量，减少了设备的故障环节，对提高卫星的可靠性大有好处。

孙家栋对航天总体工作深明要义，他说：“所谓总体，就是要用最可靠的技术、最少的代价、最短的时间、最有利的配合、最有效的适应性和最有远见的前瞻性，制订出最可行的方案，保证获得最好结果的一种方法和体制。”

月球探测是中国第一次向深空探测领域的迈进，一期工程面临着一系列新的关键技术和难点，孙家栋作为探月工程“五大系统”的总设计师，在工程方面他考虑最多的问题自然是工程目标的实现、关键技术的解决途径和大系统的配套协调。探月工程方案论证时，有些技术人员希望更多地采用新技术，为此，孙家栋曾做过一个发言，他说，自己多年的实践经验是将成熟技术与新技术交叉使用，最大限度地保证可靠性，才能保证工程目标的实现。孙家栋强调自己是在“抛砖引玉”，供大家制定方案时参考，但他谦和的人格魅力使大家一致赞同了这个观点。当时，对使用哪种型号的火箭发射嫦娥一号卫星，科技人员有不同看法。孙家栋边分析边和大家讨论：一项系统工程，并不是说技术最先进、性能最优、功能最强就是最好，关键是要看系统间的协调和匹配，总体最优才是最好，要“发挥系统集成优势”。长三甲火箭被称为“金牌火箭”，稳定性强、可靠性高，推力不是最大但够用，我们是第一次去月球，一定要在满足技术指标要求的前提下，尽量采用成熟技术，这样不仅可以减少风险和投入，而且可以缩短研制周期。最后，孙家栋拍板用长三甲火箭发射嫦娥一号卫星，大家心服口服。

探月工程应用系统首席科学家欧阳自远发自内心地说“孙先生是一个善于把复杂问题简单化的‘高手’。我总是从科学目标的角度提出各种技术要求，希望我们的卫星性能高一点再高一点。但孙先生考虑更多的是如何实现‘绕’的大目标。孙先生常说，‘我是一个工程师，我的工作就是先要实现科学家的基本要求，然后再进一步拓展’。他善于抓住最主要的问题，并且敢于决断。比如说‘嫦娥一号’什么情况下发射。孙先生认为，安全就发，不安全就不能发，其他因素都不必考虑。因为不安全，什么目标都达不到。”

“造星人”、“决策者”、“谈判家”——多重角色的航天人

孙家栋是个有心人。早在20世纪60年代孙家栋担任导弹总体设计部副主任时，他被上级抽调参加地地导弹发展规划的编制，就显露出善于思考、思路开阔、创新点子多的特点，他经常提出一些新颖的设想，然后大家一起讨论，萌发思路，一步步写出可行的规划。诸如，导弹外径尺寸的确定，导弹推进剂使用可贮存化学燃料，导弹控制系统采用惯导，遥测加大数据量，导弹结构强度的桁条薄壳理论，以及导弹中程、远程、洲际射程的距离界定，多级导弹的级数，导弹发动机推力、吨位等都是孙家栋最早提出建议的。钱学森将这份规划定名为《弹道导弹发展技术途径》，上报国防部五院批准实施，为我国导弹、火箭的后续发展起到了重要作用。

航天发射非同寻常，关键时刻需要责任人一锤定音。1974年11月5日11时，完成星箭对接的运载火箭矗立在发射台上，我国第一颗返回式遥感卫星完成了各项检测，发射在即。随着口令的下达，各系统的地面电缆、电信号插接件、气源连接器纷纷按程序依次从火箭上脱落……然而，这时的卫星却没有收到“成功转内电”的信号。发射指挥台上的倒计时表上的时间正在一秒钟、一秒钟地递减，离火箭点火的时间只剩下了几十秒钟！这一突然现象意味着如果火箭点火，将会带着一颗不能正常供电的卫星升空，而送入太空的将会是一个重达2吨的毫无用途的铁疙瘩。就在这千钧一发的时刻，只听见卫星技术总负责人孙家栋一声大喊：“停止发射！”如果按照正常程序逐级上报，等待指挥

员发布“停止发射程序”的命令已经根本来不及了。发射程序戛然而止，可孙家栋却由于神经高度紧张而昏厥了过去。虽然发布“停止发射程序”的命令不是孙家栋分内的事，但是孙家栋感到职责所在，紧急关头自己必须敢于承担风险。

1984年4月8日，中国第一颗试验通信卫星发射成功并进入静止轨道。但在卫星向定点位置漂移过程中，星上蓄电池发生了预想不到的热失控现象，刚发射成功的卫星危在旦夕。孙家栋与技术人员经过几个昼夜的模拟试验发现，当太阳照射角为90度时，卫星能源系统可以将温度控制在设计指标范围内。于是，孙家栋果断命令对卫星姿态角再调整5度。按照正常情况，下达指令需要按程序审批签字完毕才能执行。但情况紧急，各种审批手续已经来不及了。此时，操作指挥员也感到压力巨大，尽管孙家栋的指令已经被录了音，但毕竟未经指挥部会商签字。为慎重起见，操作指挥员临时拿出一张白纸在上面写下“孙家栋要求再调5度”的字据要孙家栋签名，孙家栋毅然拿起笔签下了自己的名字。执行了地面发去的指令后，卫星化险为夷，这颗卫星的成功，标志着中国成为世界上第5个发射地球静止轨道通信卫星的国家。

1985年10月，中国政府向世界宣布：中国的运载火箭将投入国际市场，承担国外卫星发射业务。中国航天人不仅要懂得研制火箭、发射卫星，也必须学会与国外商家打交道。孙家栋这个“造卫星”的专家，不畏艰难又担当起“生意人”的角色。1988年，香港亚洲卫星公司购买美制卫星——“亚洲一号”，准备使用中国的火箭作为运载工具，但卫星要从大洋彼岸运到中国，必须有美国政府发放的出境许可证。争取许可证的使命便落到了孙家栋的肩上。

中美双方谈判中，发射价格和技术安全问题是两大瓶颈。美方代表以强硬的口气说：“我们认为中国的卫星发射价格，是政府补贴下的市场倾销。”孙家栋的回答柔中有刚：“在发射价格这个问题上，中国和美国是一样的。如果说中国在发展航天方面有政府补贴的话，那么美国的火箭发射场由国家投资建设，难道就不是政府补贴了吗？”“要说为什么中国的发射费用低，那便是中国的劳动力要比美国便宜得多。当前，美国一个普通工人的月收入是3000至4000美元，而中国工人的月平均工资只有100多元人民币，中国的发射价格比美国便宜难道不正常么？”孙家栋有理有据的回答使美方代表不得不点头称是。当谈到卫星进入中国后的技术安全保障时，谈判几乎陷入僵局。美国要求卫星进入中国海关后免除安全检查，但这涉及到了国家主权原则，必须要拿出相应对策。孙家栋想到了中国的“特区”政策，想到了美国卫星到中国发射实际上只是“过境”。在中国特区的“保税外贸加工区”里，也有区别于“入关”的开放政策，如果能够运用这项政策，无疑可以打破目前的谈判僵局。谈判小组所有的人茅塞顿开、拍额相庆，都同意给美国卫星以“过境”的待遇，大家立即行文报到了外交部和海关，迅速获得国家批准、同意。“许可证”问题终于尘埃落定，中国航天昂首挺胸进入了国际商业发射市场。

“我也就是那千千万万航天大军中的一分子”

1970年5月1日，东方红一号卫星发射成功后，国防科委推荐了以钱学森为首的17位功臣组成的观礼团，在天安门城楼上与毛泽东主席、周恩来总理共同欢度“五一”国际劳动节，但这17人中却没有技术总负责人孙家栋。原因是文革中孙家栋的爷爷被认定为富农，在卫星研制一线的孙家栋因此受到了“冲击”，未能到现场参加卫星发射。此时的孙家栋会有什么想法？他的心里会不会感到委屈和难受？几十年后，当有记者采访他，谈到这件事情时，孙家栋心态依然很平静：“那个年代能有机会上天安门，并且能见到毛主席和那么多中央领导，是一件非常荣耀的事。但坦率地讲，那时追求个人荣誉的念头似乎不是那么强烈，所以没有太大的失落感。”

孙家栋经常说：“1967年国家要搞人造卫星，当时也是没有搞卫星的人才，我个人也只是具备了一点最基本的条件。所以主要靠国家经济发展的需要，靠国家发展所创造的环境，对我个人来讲主要还是靠机遇。”“我能够主持卫星总体设计工作，得益于中国航天事业的稳步发展。是中国航天事业的发展为自己提供了‘平台’，是中国航天事业的发展成就了自己”。

孙家栋把自己看得很简单：反正国家需要你到哪里，就到哪里。交给任务，就把工作做好。2007年是嫦娥一号卫星发射升空的关键性一年，这一年也是孙家栋最为繁忙的一年。为了探月工程能够按计划顺利实施，大量的事情需要协调落实，他还肩负着中巴资源卫星和北斗卫星总设计师的重任。马不停蹄地从一个城市飞往另一个城市，有时一周内要去三四个城市，打“飞机的士”成了他的家常便饭。这一年里，年近80岁的孙家栋10次进入发射场，在发射现场指导了5次卫星发射任务，主持、参加了近百个与航天有关的会议，空中飞人似的从北京飞了20多个地方。从9月初嫦娥一号卫星进入发射准备状态开始，一直到11月26日卫星出图的近百天时间里，孙家栋几乎全身心地投入到了探月工程的实施中。卫星发射成功后的一个月里，孙家栋虽然人在北京，但心系“嫦娥”，天天都坐镇航天飞行指挥控制中心，时刻关注着卫星每个动作的准确性。老伴魏素萍心疼地说：“他总是天天跑，穿皮鞋太累，我每年光布鞋就要给他买四五双。”在“嫦娥一号”顺利完成环绕月球的那一刻，全国的电视观众在电视屏幕上看到了一个被摄影师抢拍到的镜头，当航天飞行指挥控制中心的扬声器里传出嫦娥一号卫星成功的消息时，大家全部从座位上站立起来，欢呼跳跃，拥抱握手，而孙家栋却走到了一个僻静的角落，他悄悄地背过身子、掏出手绢在偷偷擦眼泪，这个镜头令许多人动容。

2010年孙家栋获得了国家最高科技奖，问起他的获奖感言，他发自内心地说：“心情非常激动，非常荣幸。自己感觉，航天事业是千人、万人大家共同劳动的结果，是社会主义集中力量办大事的优势下产生的，奖励是给予航天事业的肯定。自己做得有限，心情不安，只有感谢各方面对我的支持和培养，向共同战斗的同志们表示感谢。”“航天的事情一丝一毫都马虎不得，每个人手中的事情看似不大，但集合起来就是事关成败、事关国家经济利益的大事情，不论是哪个航天人，他都会想尽一切办法把事情办好。如果要说我自己，那我也就是那千千万万航天大军中的一分子。”

附录二

航天赤子孙家栋

《人民日报》2010年12月17日1版

孙家栋在西昌卫星发射中心

人物简介

孙家栋，1929年生，中科院院士、中国航天科技集团公司高级技术顾问、探月工程高级顾问、北斗卫星导航系统工程总设计师，我国卫星事业和深空探测事业的开拓者，参与创造了中国航天史上多个第一。他主持完成了我国第一颗人造卫星、第一颗返回式卫星和第一颗静止轨道试验通信卫星的总体设计，是我国月球探测工程的主要倡导者之一，并担任月球探测一期工程的总设计师。

听说过他的人，都觉得他是个了不起的传奇人物。见过他的人，都忘不了他那温和的笑容、温暖的大手。

他是最年轻的“两弹一星”元勋，也是最年老的卫星工程总设计师。

“东方红一号”开启中国太空时代，“嫦娥一号”迈出中国深空征程，40年100余颗中国星，他的“孩子”有34个。81岁时，他又拿了国家最高科学技术奖。

他给自己打3分，在5分制里，这是个及格分。

他就是孙家栋。

不是起点的起点

2009年3月5日，钱学森给孙家栋写去一封信，98岁老人亲手签了名。信中说：“您是我当年十分欣赏的一位年轻人，听说您今年都80大寿了，我要向您表示衷心的祝贺！您是在中国航天事业发展历程中成长起来的优秀科学家，也是中国航天事业的见证人……”

孙家栋一字一句细看，为钱学森在信中7次提及“您”这个称呼感动不已，心绪难平。

1967年7月29日，一位姓汪的部队参谋驱车直接找到孙家栋，讲明来意，传达指示，随后又直接将他从北京南苑送到当时北京西郊的友谊宾馆。从造导弹到放卫星，人生的转折，似乎也只是十几公里的距离而已。

由钱学森推荐，在导弹设计领域已小有名气的孙家栋，38岁时受命领衔研制我国第一颗人造卫星“东方红一号”。

“现在看简单，但那个年代第一次搞，就连一个满足质量的简单的21芯插头都找不到。工业水平、科技水平都有差距。”

孙家栋回忆说，中央根据当时的国际形势判断，要求无论如何也要在1970年把第一颗卫星送上天。但从当时情形看，已经取得不错成绩的科学院卫星研制工作由于受“文革”冲击几乎停顿。同时，由于卫星方案内容很多，加大复杂程度，不符合当时的实际条件。卫星上的各种仪器研制进度不一致，一查有的仪器，甚至还没开始动手做。按照既定方案继续，到1970年很难完成。

聂荣臻元帅万分焦急，于是找到钱学森，一定要在1970年把第一颗卫星送上天。

“钱老组织我们反复研究，最后得到一致意见，就是确保1970年第一颗卫星上天，方案需要简化。第一颗星最主要的目的就是要向全世界宣布，中国也掌握了航天技术。时间来不及，科学目标可以让下一颗卫星来实现。”孙家栋说，这样卫星里面的仪器简化到最低程度，“感觉到可以拿下来。”

“上得去、抓得住、听得清、看得见”，寥寥12字，简洁概括了“东方红一号”卫星的总体技术方案和目标，以此形容初次接触卫星的技术负责人孙家栋也十分贴切。

当时的孙家栋就展露出擅长总体协调的能力。他选定的来自不同单位的18名技术人员，后来成为中国卫星发展史上著名的“十八勇士”，得到了毫无争议的认同，人们还敲锣打鼓把这些技术人员送来。

“那时候分歧厉害，提名很难，最后凑巧，群众对名单没什么意见。”分析原因，孙家栋谦虚地说，“从工作需要出发选人，人们自然通情达理。”

随后，他又重新制订了“东方红一号”的总体技术方案。方案需要有人拍板，孙家栋找到时任国防科委副主任的刘华清，直率而恳切地说：“你懂也得管，不懂也得管。你们定了，拍个板。我们就可以往前走。”

出于对毛主席的热爱，许多卫星产品研制单位流行把毛主席金属像章镶在生产工具上，继而又镶到产品上。这导致卫星重量超重，也极大影响卫星质量。虽然事关重大，但验收产品时，谁也不敢说出“毛主席像章影响卫星了”这句话。

孙家栋去人民大会堂向周恩来总理汇报卫星进展，为了是否该如实汇报像章的问题，他想了一夜。汇报时，图纸铺在地毯上，孙家栋蹲着给周总理讲解。周总理听得入神，也蹲下来细听。孙家栋趁机提了像章的事情。周总理听后同在场的人说：你们年轻人对毛主席尊重热爱是好事，但是大家看看我们人民大会堂这个政治上这么严肃的地方，也不是什么地方都要挂满毛主席的像。什么地方什么时候挂都是非常严肃的事情。周总理一番话，最终解决了一个棘手难题。

1970年4月24日，卫星发射上天并成功入轨，传回人们熟悉的《东方红》乐曲，举国欢腾。中国从此迈入太空时代，成为世界上第五个能够自主研制并发射卫星的国家。消息传来，短时间内，天安门广场就挤满了激动万分的人群，人们争相传看人民日报号外。

比较公允的评价是，如果按照原来方案，东方红一号卫星不可能在1970年发射成功，有人说，“没有孙家栋的这两下子，卫星发射可能还要再等几年”。

“十八勇士”之一、后来成为神舟飞船总设计师的戚发轫说：“孙家栋是小事不纠缠、大事不放过的人，跟他在一起痛快！”

已故的“两弹一星”元勋陈芳允院士曾说起，孙家栋在年龄上虽然要比我们年轻许多，但他为人处事很谦虚，很低调，很注意用分析的态度倾听不同意见，所以在学术界经常能够获得大家的支持。

对孙家栋而言，“东方红一号”，意义最特殊，最难以忘怀。

真正认识航天

航天发射，每次坐在指挥大厅里，各个系统报告航天器状态，孙家栋就爱听两个字：“正常”。但“正常”背后，对“质量就是航天生命”的认识，是用几十年的血泪经验换来的。

1974年11月5日，我国发射第一颗返回式遥感卫星，这是孙家栋航天生涯中漫长而难熬的一天。

离火箭点火发射还剩几十秒，卫星没有按照程序转入自己内部供电，这意味着火箭送上天的只是一个2吨重的毫无用处的铁疙瘩。

孙家栋脑子里“轰”的一声，这是天大的事情，他再也沉不住气，大喊“赶快停下来！”但按照航天发射程序，此时即使是孙家栋也没有发言权，他的喊停，既违反纪律，又冒着政治风险。发射场负责人尊重了孙家栋的意见，中止发射，检查并且排除了故障原因。

下午组织火箭再一次发射。“没想到，转眼间火箭掉头就下来了，对爆炸那是心里一点准备都没有。”孙家栋说，幸亏还仗着火箭飞了21秒,否则整个发射场都没了。火箭随同卫星一起爆炸，所有人的数年心血随之化为灰烬。

孙家栋从地下指挥室出来，眼前情形让他难抑泪水：冰天冻地的西北戈壁滩，已是一片火海，脚下的地面都感觉发烫。掉着眼泪的人们，才真正认识到搞航天的难度。当时，太阳已经靠近大漠戈壁的地平线，夕阳似血，仿佛是人们心情的写照。

三九天里，两百多人含着眼泪捡了三天，在沙地里一块块捡残骸，小螺丝，小线头，都不放过，捡回来要把问题找出来。有的人心细，还拿筛子把混在沙子里的东西都筛出来。孙家栋鼓励大家不要灰心、不能丧气，不能被失败吓倒。最后实验证明，确实是一截外表完好、内部断开的小小导线酿成了这场大爆炸。

这种事情影响中国航天几十年，也促成了航天质量体系和制度的建立。如今航天界有一个5句话组成的故障归零标准，“定位准确，机理清楚，问题复现，措施有效，举一反三”。

“最厉害的是‘举一反三’，”孙家栋说，一个电子管零件坏了，火箭或者卫星上的所有仪器，都不能再出现这一批次的零件，不论好坏都不能用。“这是几十年血的教训积累。”

1975年11月26日，又一颗返回式遥感卫星终于冲出大气层，又平安返回，落在一片水稻田里。当时卫星没有设计挂钩，还是靠看热闹的老大爷出主意，用两根长木头，人们喜气洋洋地把卫星抬上了汽车。当时，返回式卫星被认为是世界上最复杂和最尖端技术之一，世界一流航天强国美国和苏联也是经过多次失败才成功。

人生不需要选择

7年学飞机，9年造导弹，43年放卫星。对几次关键的人生转折，孙家栋说，“国家需要，我就去做。”

1957年11月17日，正在苏联留学的孙家栋在莫斯科大学的礼堂亲耳聆听了毛主席那番著名的话语:“世界是你们的，也是我们的，但是归根结底是你们的。你们青年人朝气蓬勃，正在兴旺时期，好像早上八九点钟的太阳，希望寄托在你们身上。”

毛主席第一次讲，孙家栋第一次听，青年人的血液霎时沸腾，“那时候下了决心，国家需要你干什么事情，就去干。”

当初，因为等着吃学校里的一碗红烧肉，遇到报名参军的机会，孙家栋当天报名，当天入伍。之后到苏联留学，下定决心一辈子干航空，没想到回国后被选中造导弹，之后又转向放卫星，从此和航天结缘半个世纪。对孙家栋来说，热爱祖国不是一句空话。

中国航天最困难的时期是改革开放初期，那时候连报纸也为航天鸣不平，讲“搞导弹的不如卖茶叶蛋的”。孙家栋还真的收到过一封沈阳一位老大妈叫她儿子给写来的信，信上说："我是卖茶鸡蛋的，听说你们搞航天的这么困难，我愿意把这几年卖茶鸡蛋挣的钱支援你。"

孙家栋看得直想掉眼泪。他给老大妈回了信，更重要的是，他再一次感到，任何一件事情要有自己的见解、自己的判别能力，基础就是对国家和事业的热爱。

上世纪80年代末，担任航空航天工业部副部长的孙家栋从科技专家变成"商人"，和美国专家谈判，将中国航天引入世界舞台。

"我第一次带着代表团到美国去推销我们的火箭，大家从技术人员变成了商人，也不太懂商人这个行当。咱们国家生活条件也很困难，出差一天的生活补助一到两美金，住宿的旅馆，外国人看来条件是比较低的。"孙家栋回忆说，那时候胆子真大，火箭还只是张草图就敢去推销。

他找到几位爱国华侨，说中国火箭要走入国际市场，请他们帮忙介绍一些美国的客户。华侨们都很热情，但最后提出一个问题："你们住在这样的旅馆里头，准备跟人家谈几千万美元的生意，谁能相信你们？人家不单不相信你是共和国的副部长，还以为你是骗子。"最后华侨们帮忙，代表团住进了比较高级的酒店。

1990年4月7日，长征三号运载火箭在西昌卫星发射中心将美国休斯空间公司研制的亚洲一号通信卫星成功送入预定轨道。休斯公司的董事长说，休斯公司已经发射同步轨道卫星67

颗，中国火箭的这次发射精度是最高的。

当时孙家栋坐在发射指挥大厅，当指挥员下达命令点火以后，大厅里面鸦雀无声，他甚至都能感觉到旁边几个人的心跳，这种极致的安静程度整整持续了24分钟。为什么会如此安静？后来一位老华侨的话或许给了孙家栋答案："中国卫星能打多高，国外华人的头就能抬多高。"

在经历过旧中国的孙家栋心里，中国火箭的成功，也将"洋火时代"抛在了身后。

栋梁长于沃土

孙家栋爱笑，嫦娥一号卫星系统副总指挥龙江说，孙家栋的微笑很有魅力，难以形容，却能感染众人。在好几张和钱学森的合影中，六七十岁的孙家栋咧嘴大笑，像个孩子。

"我们那时就像一帮孩子，在钱老指导和领导下工作。我当年刚来的时候，对导弹确实是一窍不通，看过一些资料，但真正地干，还不行。"孙家栋回忆说。

1958年，孙家栋从苏联留学回国。留学期间，从第一天开始一直到毕业，所有考试都是满分5分。但学航空的孙家栋回国后又被挑中去搞新中国第一枚导弹。

"我搞导弹，前几年就是学习，向老同志学习，向周围同事学习。"之后被调去搞卫星，他还是继续向别人学习。

"我们航天精神有一句非常到位的话，就是'大力协同'。形成团队，除了共同学习，更要共同支持。离开集体的力量，个人将一事无成。"孙家栋说，航天事业风险非常大，但承担压力绝对不是一个人，是一个团队大家共同战斗。

孙家栋说，当年开始搞火箭、卫星，是卫星先做，还是卫星上的仪器先做，这么简单的事就搞不定。如果不是“你给我创造条件，我给你创造条件”，什么事都办不成，“中国航天真是一个集体。”

第一代航天人大概分为四个群体。一是以钱学森、任新民、屠守锷、庄逢甘等为代表的科学家，来的时候都是40来岁，年富力强，起着带头作用。二是组建航天队伍时从部队里调来的身经百战的老革命，文化程度比较高，组织能力比较强。三是像孙家栋一样刚毕业的年轻人。四是一批有着工人阶级本色的老技术工人。

孙家栋搞导弹时，研究室指导员原是东北第四野战军的团政委，在海南一个县里当过武装部长，十多万人的大会上坐过主席台，来到这里却领导二三十个“大孩子”。

“这批老革命确实为组建航天队伍起了重大作用，把队伍拉了起来，组织年轻人干事。”孙家栋说。困难时候，聂荣臻元帅给科技人员送来黄豆，要求这些政工干部一粒也不许碰，真就是一粒也没动过。

如今的航天系统工程，遵循着“两总”也就是总指挥和总设计师两条线，雏形可能就是来自当时政工行政干部和科技人员的共同配合。

无论是造导弹还是放卫星，孙家栋长期负责航天工程总体技术，他对“总体”两字深明要义：“所谓总体，就是要用最可靠的技术、最少的代价、最短的时间、最有利的配合、最有效的适应性和最有远见的前瞻性，制订出最可行的方案，保证获得最好结果的一种方法和体制。”

航天事业是千人、万人大家共同劳动的结果，擅长“总体”，实际上正是融合团队、凝聚团队和发挥团队力量的一种能力。

“他非常注重培养年轻人。”34岁就担任嫦娥一号卫星系统副总指挥的龙江说。通过航天工程实践，孙家栋培养了像龙江这样的一批优秀航天科技人才，不断充实到航天人团队中。在发掘年轻人这一点上，他和赏识他的钱学森有着相似之处。

“从第一枚火箭和第一颗卫星开始，钱老带领我们这支队伍，团结友爱，逐步形成了航天精神，这种精神现在还在传承。”孙家栋说，“我热爱我们的队伍，我们是心心相印。”

从一个圈飞向另一个圈

航天人这一辈子，打失败了哭，打成功了也哭。

2007年10月24日，第一颗探月卫星“嫦娥一号”在西昌卫星发射中心成功发射。10余天后，经过40万公里的星际飞行，“嫦娥一号”顺利抵达月球并实现绕月。中华民族终于圆了千年奔月的梦想。

航天飞行指挥控制中心内，人们欢呼跳跃、拥抱握手一刻，电视镜头捕捉到了这么一个镜头：孙家栋走到一个僻静角落，悄悄地背过身子，掏出手绢偷偷擦眼泪。

孙家栋说，当时的心情，一方面为国家为民族感到自豪，另一方面也感觉到航天这个集体没有辜负国家和人民的期望，这两种心情掺和在一起，加上压力突然一释放，感情就难以自抑。

2004年出任探月工程总设计师时，孙家栋75岁。探月工程风险太大，很多人认为，这个工程一旦出现问题，已是“两弹一星”元勋的孙家栋70多岁前的辉煌历史会受影响。探月工程副总设计师张荣桥说，“他是怀着对中国航天事业的满腔热情来的。”

“当时最大的挑战，就是第一次进入深空。卫星跑出40万公里，是第一次。以前所有卫星都只和地球有关系，属于双体运动。‘嫦娥’离开地球去月球，变成三体运动，也是第一次。”孙家栋肩上不能说没有压力。

当年“东方红一号”，完全可能早一些发射，但为了确保万无一失，在1969年底又用3个月时间对卫星进行质量复查研究，最后终于放心地把卫星放上天。足见第一次的难度。

孙家栋再次显露总设计师本事，化繁为简，创新利用现有的火箭、卫星和航天测控系统，确定了“嫦娥奔月”方案。当嫦娥卫星一发射出去，人们看到的是一串串数据，一条条曲线。但在孙家栋眼里，速度曲线往上抖或者往下抖，所代表的卫星状态，那是清清楚楚。卫星被月球成功捕获一刹那，速度值有个拐点，孙家栋感觉自己的心都要跳出来了。

孙家栋外衣胸口经常别着一个航天标志的圆形徽章，标志中间是个类似火箭的形状，往外是三个圈，分别代表三个宇宙速度，也代表人类航天梦想的三个阶段。他为之奋斗了几十年。

打完“嫦娥”后，孙家栋走到了最内圈和第二个圈之间：摆脱地球引力，活动空间扩展到了太阳系。“中国航天的下一个发展目标，应该是有能力到达太阳系的任何角落。”他说。

传奇仍在继续

2010年这一年，中国航天进入高密集发射阶段，仅北斗导航卫星，就计划发射5颗，已经发射了4颗。孙家栋是北斗卫星导航工程总设计师。加上担任嫦娥二号任务的高级顾问，这一年光是西昌卫星发射中心和西安卫星测控中心，81岁的他就已经去了17次。老伴给他买的布鞋，一年磨破好几双。

“我数也不数了，你走就走吧。”老伴魏素萍略带埋怨说，老了老了该歇歇了，“但国家需要，那你怎么办？！”

有关单位的领导来看望孙家栋夫妇时，恳切地对魏素萍说：“魏阿姨，我们知道您有意见，但这个任务就只能他来做，他坐在那里，就是无形的支持。”

“50年都没有聊的时间，也没话题。”魏素萍说，孙家栋回到家，说的不是废话就是跟工作有关，有时候甚至一句话都不说，她闷的时候只能对着墙说。

1967年，孙家栋的女儿出生，当时他正有任务在身。魏素萍没有给丈夫打电话，孙家栋没来电话她也不生气，一个人要了个板车自己去了医院，孩子出生时孙家栋也不知道。护士看不下去，都是航天系统的，直接给孙家栋打电话，“孙主任，你爱人给你生个大胖姑娘，不过来看看？”

孙家栋心里有歉意，但嘴上不说，时刻找机会弥补。一次出差，他跑到专门卖女鞋的店，想给老伴买双鞋。变戏法似地拿出一张纸，是在家时候比着老伴的脚画好，剪好带在身上，在场的人既惊讶又感动。

有一年，魏素萍因为脑血栓身体半边麻木，胳膊和手不听使唤，但一年后，她奇迹般地康复，这一年里孙家栋的体重减了20斤。

在魏素萍眼里，“这个人头脑就是简单，除了工作，其他都不想，还是个英雄？”

但她又说：“下辈子还嫁给孙家栋。”

穿戴普通，冬天头上扣着一顶有些褪色了的红色毛线帽，孙家栋看着就是个平常老头。2007年，“嫦娥任务”后，孙家栋回到北京，和老伴出门打出租车。一上车，司机就看出来了，问，“您是搞航天的吧？”然后又加了一句，“我特别爱好航天。”

让给自己50年的航天生涯打个分，他怎么样也不肯。后来实在拗不过，他说要是5分制，就打3分。打完分，他很不好意思，“自己已经感觉打得很高了。”他说，航天已经成为自己生命中一部分。中国航天事业对民族而言太重要了，在航天这个团队里，自己愿意有多少力尽多少力，决不保留。

从航天大国走向航天强国的路上，这个航天老人的传奇仍在继续。

（余建斌 陈玉明）

附录三

爱国奉献的楷模

《人民日报》2010年12月17日14版

孙家栋是我国航天科技事业的一面旗帜。伴随着我国航天事业50余年的发展历程，他见证了中国航天从无到有、从小到大、从弱到强，并为开创中国卫星事业新篇章、开启空间事业新纪元，为我国航天事业蓬勃发展作出了突出贡献。已至耄耋之年的他，仍奋战在航天工程和人才培养的第一线。孙家栋的奋斗历程，是航天人发扬伟大航天精神的缩影。

从学习飞机制造到研制导弹武器再到开创卫星事业，孙家栋把个人理想与祖国命运紧密联系到一起，以“国家需要，我就去做”的报国之志投身于航天大军，始终不渝地把航天事业作为报效祖国的舞台。学习孙家栋，就是学习他把党和国家的需要作为一生的追求，把强烈的爱党爱国情怀和对事业的无比忠诚落实到行动中。

从领导完成我国百余颗卫星中34颗卫星的研制工作，到率领嫦娥一号卫星团队实现中华民族在攀登世界科技高峰征程上又一次历史性跨越，孙家栋注重组织引导科学技术人员发挥集体智慧和力量，充分发扬技术民主，统筹协调各方共同把复杂难题简单化。他鼓励青年人“放开手脚、大胆工作”，一大批青年人才逐步成为骨干核心。学习孙家栋，就是学习他发挥系统集成优势、发扬技术民主作风的科学精神，坚持严谨务实、精益求精，重视团队建设和人才培养，为青年人成长成才营造宽松自由的环境。

从领导研制我国首颗人造地球卫星，到中美航天国际合作谈判，又到合作研制“争气星”——中巴卫星，再到挂帅绕月探测重大工程，孙家栋创新思路和方法，突破了一项项关键技术，攻克了一道道复杂难题。学习孙家栋，就是学习他不畏艰险、勇往直前，致力于科技攻关，深刻理解“创新是一个民族兴旺发达的不竭动力”，不断增强自主创新能力，永葆攻坚克难、永攀高峰的创新意识。

孙家栋视自己“仅仅是航天人中很平常的一个”，始终保持低调，从不居功自傲。他的境界里，是“中国航天精神铸造了中国第一星”；他的荣誉里，“是中国航天事业的发展成就了自己”。学习孙家栋，就是学习他看名利淡如水、视事业重如山，扎扎实实干工作，默默无闻作贡献，淡泊名利，无私奉献，全心全意耕耘在工作岗位。

民族需要脊梁，人生需要信仰。孙家栋是国家的栋梁、民族的脊梁，爱国奉献的崇高信仰，始终是他人生的坚固基石。当每个人追寻人生意义、当民族复兴需要脊梁挺起，树立爱国奉献的理念是一切的开始。这是孙家栋给我们的最珍贵的启示。

（《人民日报》评论员）